超级城邦

AI时代的城市与国家变革

徐茂栋

XCITY ARGENTINA INC

超级城邦：AI时代的城市与国家变革

徐茂栋 著

October 12, 2025

Print ISBN: 978-1-970336-04-7

First edition, 2025

Printed in the United States of America

作者介绍

徐茂栋是著名的连续创业者，投资人

他先后创立星河互联、窝窝团、百分通联、微网、分众无线等成功企业，还投资了中文在线、艾格拉斯、运去哪、小派科技等独角兽或已上市企业。

他首次提出了生活服务电商，窝窝团融资超过一亿美元，并带领窝窝团IPO。

他还首次提出产业互联网，星河互联估值超过20亿美元，推动互联网与传统产业的融合，并打造"星河系"，旗下控股参股多家上市公司。他首次提出产业AI，并成为先行者。他还是十多项专利的发明人。

2016年，他排名福布斯中国富豪榜348位，2017年，他与马云一起获得中国十大新闻人物。

徐茂栋毕业于武汉理工科技大学，曾就读于清华大学EMBA和DBA。

徐茂栋的经历：

- 1968年出生于山东日照一个小渔村
- 1986-1990年就读武汉理工科技大学
- 1994年，在家乡山东日照创办齐鲁超市，很快发展成为山东省最大的连锁超市之一。
- 1998年，在北京创办DotAd，成为中国最大的短信应用公司和领先的2G企业，并于2006年以3000万美元出售给分众传媒，后更名为Focus Wireless。
- 2008年，创办Lmobile，发展成为中国最大的手机彩信广告平台和领先的2.5G企业，后获软银亚洲投资基金（SAIF）和清科创投的投资，并于2010年以1.59亿美元出售给澳洲电信（Telstra）。
- 2010年，创办Welink，成为中国领先的移动营销平台和3G应用企业，并于2015年以1.1亿美元出售给中科招商。
- 2010年，创办窝窝网，先后获得鼎晖投资、清科创投及紫荆资本1亿美元投资，发展成为中国领先的生活服务类电商平台，并于2015年成功在纳斯达克上市，市值达10亿美元。
- 2015年，创办星河互联集团，曾是中国领先的产业互联网集团，估值达20亿美元。
- 2016年，打造产业互联网星河系，旗下控股参股多家上市公司。排名福布斯中国富豪榜348位。
- 2017年，与马云一起成为中国十大新闻人物。
- 2018年，定居美国。

序言

我曾在中国和美国分别创业过，亲身经历了两种制度下人才流动与配置效率的巨大差异。签证、国籍、制度壁垒像一道道无形的高墙，将我们所需要的人才阻隔在外。这些经历让我越来越深刻地理解了"地理即命运"这句话背后的辛酸。我亲眼目睹太多天赋异禀的人被困于体制与边界之内、才华无从绽放：有人怀揣卓越的创想，却因户籍制度限制难以走出家乡的城镇；有人掌握尖端的技能，却因为护照上的国籍无法去往那个最需要他的国度。许多有才华有技能的人仅仅因为国籍和签证受限，无法在最适合发挥才能的地方工作生活。每当想到这些被埋没的才华，我的内心就阵阵作痛——这不仅是个人的不幸，更是整个社会无可弥补的损失。

人才是最重要的生产要素，也是推动社会前进最宝贵的资源。我深信"人才"才是我们这个时代最该优先解放的力量。然而当制度的樊篱束缚住人才的手脚，对个人意味着抱负的破灭，对社会则意味着巨大的浪费。经济学家估计，如果解除移民限制、让劳动力自由流动，全球GDP将可能增加一倍。这个惊人的数字背后，是多少人的梦想与才能被无形阻隔所湮灭！当我们拒绝人才跨越国界时，失去的不只是某个天才的个人前途，而是无数本可以改变世界的创新和创造。试想，有多少发明创造本可以诞生，却因发明者生错了地方最终流产；有多少青年才俊本可以闪耀星空，却因为缺乏舞台而黯然陨落。这样的现实令我痛心，也促使我不断反思：难道我们不能构建一种新的社会框架，来打破这命运的藩篱，让每个人都能在适合自己的沃土上生根开花吗？

正是带着这份深刻的惋惜与反思，一个大胆的憧憬在我心中逐渐清晰起来。我开始认真地设想：有没有这样一个社会，它不囿于传统国界，不因出身地域而设限，让人尽其才、物尽其用？在那里，人才不再被固化在原地，每个人都可以自由选择去自己向往的城市和国度发展；在那里，"出生地决定命运"的魔咒被打破，天赋不再被束缚，勤奋和才华终能找到施展的舞台。这个愿景最终汇聚成了我笔下的"超级城邦"——一个关于未来城市与国家形态的全新想象。

"超级城邦"承载着我对未来制度的美好寄托。它是一个基于全民基础资产（UBA）理念和人工智能支持的开放、自主的新型智能城邦构想。在这个理想的城邦中，科技与人文水乳交融，每位市民都是城市财富的股东，共享城市的发展成果。城市被视作全体市民共同持有的资产池，土地、数据、基础设施乃至技术进步带来的红利都被重新定义为人民共享的资源。每个人与生俱来便拥有一份基本的城市资产和红利，无论他来自繁华的都市还是偏远的乡野，都能站在相对公平成长的起跑线上。正因有了这样的全民基础资产作保障，超级城邦里的每一位公民都拥有了主人翁的地位——城市的发展成果不再只是政府或资本的囊中物，而会转化为每个人可以切实感受到的福利与底气。

在这样的城邦里，人人享有自由迁徙的权利和安居乐业的机会。政府的职能不再是设限，而是为人们打开通路、保驾护航。每个勤奋努力的人都能拥有稳定的居所和适合发挥才能的工作岗位，真正做到"居者恒居，业者恒业"——安居乐业不再是一种奢望，而是有制度支撑的普遍现实。我设想人工智能和机器人将遍布城市的角落，默默承担那些繁重枯燥的劳动，让人们能够将精力投入更具创造性和意义的事业。在这个城市里，哪怕是深夜街头，机器人也在清扫街道、维护治安；清晨的阳光下，人们则有更多时间陪伴家人、追求梦想。城市通过AI的赋能变得仿佛有了生命，它能够体察市民的情绪和需求，适时调整运转的节奏和公共服务的供给。同时，全体公民通过数字民主平台参与公共事务，新型的共识机制让人人都有机会为社区出谋划策、参与治理。技术的高度发达并没有让人情味消失，反而让治理变得更加开放温馨——当每个人都真正拥有主人翁意识，这座城邦的凝聚力将空前强大，城市也将因此蓬勃生长、生生不息。

每当我描绘出这幅未来城邦的图景，内心深处便涌起一阵难以言表的激动与感动。我仿佛看到了另一个平行世界：在那里，没有天赋会被埋没，没有梦想会因身份而受限；在那里，孩子的出身不再决定他的天花板，年轻人的选择不再受困于国籍和护照；在那里，每一个努力生活的人都能有所收获，每一份才华都能找到属于自己的土壤。我常常情不自禁地热泪盈眶——这是感动的泪水，更是希望的泪水。因为我终于看到了改变现实的可能，看到了一个不同于既往的未来：一个不再辜负任何人才能与梦想的未来。尽管这愿景听上去如此遥远，如此理想主义，但我始终相信，人类社会的一切进步最初不都是来源于这样的理想主义么？我们唯有先敢于梦想，方能着手创造现实。

带着这份信念，我提笔写下了这本《超级城邦》。这既是我个人十余年奋斗历程的心得，也是献给所有关心人类未来的读者的一封真心书信。在序言的最后，我想对您说：无论我们此刻身处何方，请不要放弃对更开放、更公正社会的向往。让我们共勉、共望——期待有一天，每个人都能自由选择人生的坐标，每份才华都不再被辜负，每朵梦想之花都能在合适的土壤中尽情绽放。我们所渴望的那个"超级城邦"也许尚在未来的地平线，但只要我们怀揣希望、勇敢前行，总有一天会迎来黎明的曙光。愿我们都能看到那一天的到来。

"微处理技术将比多数人想象得更快地颠覆并摧毁民族国家，并在此过程中创造新的社会组织形式。"

— 詹姆斯·戴尔·戴维森

目录

引言

人类正处在技术指数级加速的时代。人工智能驱动的创新如飓风般掀起变革，而我们的社会制度却因僵化而难以适应，两者间的冲突日益剧烈。正如能源专家阿莫里·洛文斯所言，我们拥有21世纪的技术和速度，却仍在与19、20世纪的制度、规则和文化正面冲撞。技术飞奔向未来而制度原地踏步，这种脱节使创新潜力难以充分发挥，冲突摩擦在所难免。这一巨大张力也正是"超级城邦"构想产生的现实动因。

为化解这一矛盾，本书提出了"超级城邦"的构想，作为面向未来的社会蓝图。超级城邦试图重塑城市与国家的组织范式，以适应 AI 时代的挑战和机遇。它具备鲜明的五大特征：

- 去中心化：权力不再高度集中，由多个节点分担治理；

- 自治化：社区和个人拥有更大的自主决策空间；

- AI辅助治理：借助人工智能提高决策效率与公正；

- 全民基础资产：确保每位公民都拥有基本的资产保障和安全网；

- 主权个人：构建允许个人自由迁徙与发展的开放平台，每个人可自主选择所属共同体，实现自我价值。

超级城邦并非乌托邦式的幻想，而是立足现实困境的一种制度创新尝试。它力求在技术与制度之间架起桥梁，让飞速发展的科技成果真正惠及每一个人。21世纪的"神力"撞上中世纪的牢笼，会发生什么？

1

第一章 AI赋予神力，制度停在中世纪

"我们有旧石器时代的情感，中世纪的制度，以及神一样的科技。"

—— 爱德华·O·威尔逊

科技神力与制度困境：飞奔的未来遇上停滞的过去

21世纪的人类正获得前所未有的"科技神力"。人工智能能够瞬间分析海量数据、自动化执行复杂任务，赋予个人和组织近似于"神"的认知与行动能力。与此形成鲜明对比的是，我们许多社会制度仍停留在过往的范式，仿佛还在沿用中世纪的规则。正如环保思想家阿莫里·洛文斯所指出的："我们已经拥有21世纪的技术和速度，却仍与19、20世纪的制度、规则和文化正面冲撞"。技术在飞奔向未来，制度却拖着历史的脚步。当尖端科技如超跑引擎般轰鸣，我们的规则架构却好比老旧马车的红绿灯，将疾驰的创新频频拦停。这种剧烈反差带来了巨大的鸿沟：AI推动社会向前的力量越强，传统制度的不适配就越明显。未来在加速到来，而制度仿佛困在琥珀中，一动不动。

这种"技术 vs. 制度"的裂隙正在不断扩大。人工智能的发展是指数级的，每几个月就出现新模型、新应用，能力边界不断被打破；而与之对应，政府立法、行政审批、教育评估等机制往往缓慢僵化，难以及时响应AI带来的变化。我们可以用算法在几分钟内完成复杂决策，而官僚流程常常需要数月甚至数年；数字经济瞬息万变，但相关法律法规却可能滞后整整一个时代。这种滞后使先进科技的潜力无法充分施展，仿佛未来被锁在过去的牢笼里，冲突摩擦在所难免。正如有人形容的，这是21世纪的"神力"撞上中世纪的牢笼：若不打破牢笼，神力也难以真正改变世界。

AI带来的"神力"级能力边界

首先，让我们具体看看人工智能为个人和组织带来了怎样的"神力"。与传统人类能力相比，现代AI在认知、判断、预测、执行等方面展现出超越性的优势，不断重新定义个人与组织的能力边界：

- 超人般的认知与分析：AI系统可以读取和理解海量信息，远超任何人类大脑所能处理的规模。比如，大型语言模型GPT-4已经展现出接近专业水平的综合能力。在各种标准化测试中，GPT-4的表现已达到甚至超越顶尖人类水平——它通过了模拟律师资格考试，成绩大约处于考生的前10%。这意味着一个AI在法律知识与分析推理上可比肩顶尖律师的水准。此外，在医学问诊场景中，AI的应答质量同样惊人。一项研究比较了ChatGPT与真人医生回答患者提问的表现，结果显示将近80%的问题上，评审更青睐ChatGPT给出的答案！AI在准确性、详尽性和共情表达上甚至胜过经验丰富的医师。这些例子表明，人工智能已经能够在许多需要高度认知和专业判断的任务上媲美乃至超越人类专家。

- 闪电般的判断与决策：借助AI，人类可以极大提升决策速度和质量。AI模型擅长模式识别和快速计算，能在极短时间内评估数以百万计的选项并给出最佳方案。对于企业来说，AI可以即时分析市场走势、消费者行为，从而辅助管理者做出精确决策。在治理领域，如果让AI参与研判公共政策，它可以综合历史数据和现实条件，模拟各种政策结果，以前所未有的速度提供证据驱动的建议（政府传统的决策往往耗时漫长且信息不全）。正因如此，有学者指出政策制定过程的各个关键环节——从识别需求、设计方案、预测效果到评估影响——其实都落在AI的能力甜 spot上。AI不会取代人类决策者，但它可以让政策制定变得更全面、更快速、更有依据，为未来的政府提供"无人掉队"的智慧治理助力。

- 洞察未来的预测能力：在预测和先见方面，AI同样展现出神乎其技的本领。基于对海量历史数据的学习，机器学习模型可以发现人类难以察觉的潜在模式，从而对未来趋势做出准确预判。在公共卫生领域，早在2019年底就有AI系统对新发疾病亮起红灯：人工智能平台BlueDot通过扫描全球开放数据，提前捕捉到武汉不明肺炎的异常信号，并于2019年12月31日向客户发出预警，提醒注意一种新型冠状病毒疫情。这一警报比世界卫生组织官宣疫情足足早了五天。更令人惊叹的是，BlueDot不仅发现了苗头，还根据航空旅行数据预测了疫情可能传播的下一波地点。可以说，AI已经赋予我们某种"预见未来"的能力——只要我们愿意相信并运用这些技术的洞察。然而，正如后面将述及的，拥有先知般的预警并不意味着人类的集体行动跟得上神谕。

- **精确高效的执行与控制**：在执行层面，人工智能与机器人技术结合，使许多任务的完成速度和精度远超人工。自动化工厂里的机械臂在AI视觉引导下，可以24小时不间断地高速运转，组装产品时毫厘不差；无人驾驶车辆依靠传感器和算法，可在复杂交通中快速做出反应，比大多数人类司机更安全高效。哪怕在创意领域，生成式AI也能在几秒钟内产出高质量的图像、音乐、文本内容，而这些产出过去可能需要专业人士耗费数日甚至数周。这种执行力的提升重新定义了个人和组织的规模边界：一个小型创业团队借助AI工具，可能做到过去只有跨国公司才能完成的研发和分析工作；一个人配备AI助手，就如同身边有一个随叫随到的多才多艺团队。在某种意义上，AI让"个人"具备了类组织的能力，也让传统组织如虎添翼，能够成倍扩大效能。

简而言之，人工智能正在赋予人类"耳聪目明、身强力壮、未卜先知"的奇迹能力。从击败围棋世界冠军的AlphaGo，到破解蛋白质折叠之谜的AlphaFold，再到能与我们对话交流的各类聊天机器人，AI展现出的都是超出常规的人类能力极限。这种"神力"带来的变革性在当今才刚刚开始显现，它预示着未来个人与组织的能力将被彻底改写。然而，正当人们渴望挥舞这股神力去改造世界时，他们却往往碰上一个无形的天花板——那就是迟滞的制度框架。在下文中，我们将深入探讨当AI的神力遭遇教育和治理这些关键制度领域时，会产生怎样的碰撞和矛盾。

教育制度：当AI之力遭遇工业时代评价体系

在教育领域，人工智能本有潜力带来教学模式的革命性转变，然而现实情况却是AI的能力在当前教育制度下被大大压抑，难以整合进主流教学，这导致了一系列结构性矛盾。学校和课堂原本承担着培养下一代的重任，但许多教育体系仍沿袭着工业时代的大流水线模式，与AI时代的人才需求和技术手段格格不入。

教育模式因循守旧，难容AI新工具。长期以来，基础教育对新技术的适应非常缓慢，通常只是把新工具附加在旧框架上，而没有真正重构教学模式。例如，一些学校为跟上时代，会给每个学生配发平板电脑，或在课堂上使用多媒体课件，但课程进度、考试方式依旧照旧——班级按年龄划分、老师按课本进度授课、学生标准化考试。这种做法只是在过时架构上勉强安装新零件，而非针对AI时代重新设计发动机。如今AI浪潮席卷而来，很多学校的反应却仍是观望甚至抵制：教师和管理者在讨论的竟是"要不要允许学生使用AI工具"，仿佛AI只是一个可能扰乱课堂纪律的玩具，而不是可以重塑教育的生产力。管理者们也只是谨慎地在评分、课件制作等边缘环节试用AI。这种态度无异于19世纪末有人发明了汽车，而马车夫们却争论着要不要让乘客携带发动机上路。头痛医头的表面融合掩盖不了深层的问题：我们应该追问，在一个AI无处不在的世界里，"优质教育"究竟应具备怎样的形态？

标准化评价僵化，扼杀个性与创造。当前教育制度最大的掣肘之一，是对学生的评价和培养目标仍停留在工业时代模型。这种模型强调记忆知识、遵守统一进度和纪律，用标准化考试分出"三六九等"。然而AI时代需要的人才恰恰是机器难以取代的创造性、批判性人类能力，而非机械记忆和重复劳动。遗憾的是，大多数学校课程表和考试制度并未因AI的到来而改变：学生依然被要求背诵大量信息，按照固定课纲学习，迎接统一的笔试。课堂节奏像工厂流水线一样严格，所有人步调一致。这一模式下，教师很难顾及每个学生的兴趣与潜能差异，更谈不上发挥AI的个性化教学优势。例如，人工智能驱动的自适应学习系统完全可以针对不同学生调整教学内容和节奏，实现真正的"因材施教"；但现实中，许多学校仍以"一刀切"的进度前进，AI的这些功能无从大展拳脚。正如一位教育改革者指出的，我们的K-12教育仍牢牢构建在工业时代的框架上：强调记忆和标准答案、固定的作息和科目分类，以及分数至上的评价体系。这样的结构无法培养学生在AI社会中需要的批判思维、创造力和适应能力。结果便是，一个本该激发创造力的AI工具，在课堂上反而被视为阻碍，因为现行评价标准无法认可用AI完成的成果，只能当作作弊。

对AI的排斥与恐惧，加剧教育鸿沟。面对汹涌而来的生成式AI，不少学校和老师选择了简单粗暴的策略：封杀或限制。担心学生依赖ChatGPT写作文，有的学校干脆禁止课堂使用任何AI工具。然而，这种把AI隔离在校园外的做法无异于掩耳盗铃。现实是AI不可能消失，未来社会各行各业都需要善用AI的人才。如果学生在校期间被剥夺了与AI共处学习的机会，他们毕业走入社会时将陷入巨大的劣势。不仅如此，让孩子与最新技术隔绝也可能放大教育鸿沟：富裕家庭的孩子在课外可能接触AI、自主学习先进技能，而学校里禁用AI反而使资源匮乏的学生错过宝贵的学习助手。一些教育者误以为不碰AI就能守住学术纯净，实则是在纵容另一种不公。当计算器刚出现时也曾有人担心学生不会心算，但最终教育选择了将其纳入教学、同时强化更高层次的数学理解。同理，与其把AI当成洪水猛兽，不如教会学生与AI协作。目前来看，让教育系统主动拥抱AI还有诸多观念和机制障碍，但方向应当是将AI视为教师和学生的伙伴而非敌人——让AI承担繁琐事务，让教师专注于人性化培养。只有这样，我们才能打造"AI+教师"的新型教育生态，使每个学生获得个性化且有温度的成长体验。

总而言之，教育制度与AI的冲突集中体现在：教学评价逻辑严重滞后，难以吸纳AI赋能的新模式，反而将AI当成了作弊工具和洪水猛兽。这既压抑了AI提升教育的潜能，也导致学生无法获得面向未来的培养。当考试分数和死记硬背仍是学校成败的标尺时，AI的智能无法融入课堂；当校方惧怕技术风险而将AI拒之门外时，学生也失去了提早适应未来的机会。这一矛盾不解决，我们的孩子将被困在昨日的课堂，无法迎接明日的世界。教育亟需变革评价体系和教学理念，让AI真正成为共塑未来的助手而非隔绝在外的幽灵。

治理制度：未来之光被旧体制掣肘

如果说教育领域的矛盾还只是隐隐发作，那么在公共治理层面，人工智能和旧有制度的冲突已屡屡酿成现实教训。当AI的实时、智能决策能力遇上官僚机构的迟缓与割裂时，往往出现"明明有神力却无处施展"的尴尬乃至悲剧。以下我们通过几个方面来看治理体系中AI能力被压抑的典型情形：

信息预警 vs 官僚迟钝：疫情失控的教训。 2019年末，一场新冠病毒疫情的幽影在全球浮现。值得注意的是，人工智能几乎第一时间就侦测到了这场危机的苗头。前文提及的BlueDot系统利用机器学习和大数据，于2019年12月31日就向其用户发出了关于不明肺炎的预警，比国际卫生机构的官方通报早了数日。另一套自动疫情监测系统HealthMap也在同日自动生成了警报。换言之，AI及时发出了"神谕"，提示危险将至。然而，人类社会的传统公共卫生通报体系却未能同步响应。各国的疫情报告须层层上报、确认——等实验室确诊病例上报后再逐级通知，往往已经为时晚矣。事实也是如此：当多数政府正式拉响警报时，病毒早已乘坐飞机在全球播撒开来。我们痛失了遏制疫情在初始阶段的宝贵窗口。这场冲击暴露出传统全球公共卫生机制的僵化与迟缓：AI具备实时监测与预测能力，但国际协作和边境管控的思维仍停留在几十年前，未能及时采纳AI的预警。科技本可赋能公共安全，然而旧的官僚体系反而成为掣肘，导致"神力"无法救急。这一教训极为深刻：未来还有可能出现更多需要全球快速响应的危机（如新疫情、气候灾害），如果我们不更新治理流程，那么AI再有洞察力也只能徒呼奈何。

技术升级 vs 体制僵化：数字石器时代的政务系统。 不仅在危机情境，日常公共服务中技术与制度的落差也令人震惊。在一些发达地区，政府内部的信息系统之陈旧堪称活化石。2020年全球疫情导致失业潮时，一些地区的失业救济系统竟然因承载不住申请量而彻底崩溃——原因不是黑客攻击，而是系统架构源自上世纪六七十年代，用古老的COBOL语言编写，从未现代化升级。成千上万失业者在网站前徒呼无门，被迫改用传真机提交申请材料，甚至被要求用早已淘汰的过时浏览器访问政府页面。有的地方不得不紧急寻求早已退休的老程序员出来"救火"，因为懂COBOL的人才早已匮乏。这一幕恍如时光倒流：当今时代我们拥有云计算、大数据、AI等先进技术，然而关键的民生系统却停留在"数字石器时代"，在人民最需要的时候轰然崩塌。这正是制度停滞的极端案例：科技本可在危难中大显身手（例如用现代信息系统更快地处理救济发放），却因为体制和基础设施的落后使公众受苦。这一事件也敲响警钟：政府部门的技术债一旦累积，到关键时刻就会要命。在现代治理中，信息系统就是制度的一部分，当它们几十年未变，治理能力就和几十年前无异。纵使AI能力再强，也无法嵌入如此陈旧的平台中发挥作用。可以说，我们拥有太空时代的技术，却在使用牛车时代的工具，治理效率自然无法提升。

创新演进 vs 监管滞后：无法可依或一刀切的两难。 人工智能、区块链、新能源、基因编辑……21世纪的新兴技术层出不穷，但相应的法律监管框架往往姗姗来迟。这种制度滞后导致两种糟糕局面：要么新技术长期游离在监管之外，野蛮生长埋下风险隐患；要么监管者由于不理解新技术，一刀切地严格限制，使得有益创新也被扼杀。自动驾驶技术就是一例。早在2010年代中期，自动驾驶车辆已在技术上取得突破，能够在限定环境下安全行驶。然而许多国家直到近年才陆续修改道路交通法规，以适应无人驾驶的特殊需求。在这政策真空的几年中，企业不敢大规模部署自动驾驶，因为法律地位不明确，出了事故责任不清。而另一方面，有的地区因缺乏法规，只能禁止测试无人车上路——技术被硬生生逼停。同样地，加密数字货币自2009年问世，全球范围十余年间都缺乏统一的监管框架和法律定义。结果市场上鱼龙混杂、欺诈频发，投资者和公众利益受损，而真正想合规创新的企业也苦于无所适从。这些现象背后本质是：制度的反应速度总在追赶技术，却很难跑在前面。正如一位立法者感叹的，我们屡次见证技术发展快于监管所带来的后果——要么付出代价后才匆忙补法，要么提前棒杀了可能的进步。倘若制度不加速演化，它将永远被新技术牵着鼻子走，在安全与发展之间疲于奔命。对社会而言，这意味着宝贵的创新红利流失，或潜在的风险因无法管控而扩大。创新与监管赛跑的局面，是典型的制度停滞症状之一：我们缺乏让规则与技术同步迭代的机制。

信息碎片 vs 协同失灵：治理的"盲人摸象"。当代政府管理另一个结构性难题，是信息流动的碎片化和部门壁垒，这与AI要求的数据通融恰恰相反。人工智能决策的有效性依赖整合多源数据，但官僚体制往往各自为政，形成条块分割的"信息孤岛"。例如，不少城市的交通、环保、能源等部门各自收集数据，却缺乏统一的平台共享分析。AI如果要用于城市治理，首先要打通这些数据墙。然而现实中受制于部门利益和权限划分，数据往往要么无法共享，要么层层审批，等数据真的汇总到一起，问题可能已经恶化。以疫情防控为例，理想情况下AI可实时汇总医院就诊数据、社区健康数据、人口流动数据，以发现潜在暴发点并及时预警干预。但在很多国家，这些数据分属不同部门甚至法律管辖，数据打通受到法规和技术的双重阻碍，AI系统根本无法获得完整信息。治理体系如同各瞎子摸象，没有全局数据，又怎能期望AI发挥"千里眼"的作用呢？信息不流通还导致决策缓慢——官员往往需要层层上报请示，再等待多个部门会商，同样的问题若让AI处理只需毫秒，体制内协调可能要数月。总之，当前治理结构下，数据和决策权高度分散且滞后，使得AI这种需要大规模数据和统一行动力的"神力"无用武之地。

综上，治理制度与AI的结构性矛盾可以归纳为：体制反应慢（难以跟上AI实时性要求）、架构僵化（难以吸纳新技术接口）、条块分割（数据和权力碎片化），最终导致本该由AI改善的问题依旧无法解决。我们仿佛驾驭着高科技飞船，却套用着风帆船的航海图和罗盘，自然会偏航甚至触礁。这些矛盾造成的冲击和损失已经在不断提醒我们：AI时代的治理，迫切需要制度的同步变革。如果继续让"神力"与旧制度冲撞，未来只会摩擦加剧，甚至引发治理危机。

制度滞后的深层根源

为何我们的制度难以跟上技术演进的脚步？前文描绘了教育和治理中种种表象冲突，但要真正解决问题，必须洞察更深层的结构性原因。造成制度"停在中世纪"的根源是多方面的，既有客观的历史路径依赖，也有人性的主观利益考量，还有社会对新技术的认知和伦理博弈等。归纳起来，以下几个因素是制度滞后的主要深层原因：

- 历史流程的路径依赖：现有制度通常是沿袭自过去的流程和模式，具有高度惰性。在和平时期，制度倾向于"如果没坏就别修"，导致规则更新远滞后于环境变化。长期的路径依赖使组织陷入"锁定"状态：即使出现更优的技术手段，也因为习惯了旧流程而不愿更改。这种现象在技术采用研究中被称为"锁定效应"，往往导致明知新技术更好却迟迟无法切换。比如政府机关的文件审批流程几十年来一成不变，即便有数字化系统也常被当作打印工具，因为官员依赖纸面签批的习惯早已根深蒂固。又如学校教育的年级-学科制从19世纪沿用至今，尽管早有教育学者呼吁跨学科学习、弹性学制，但传统模式因路径依赖一直稳固存在。制度自身的演化速度远慢于科技演化，于是造成"技术快速更迭—制度裹足不前"的落差。这并非有人刻意为之，而是制度如同一台巨大的旧机器，惯性使然，不撞南墙不转向。然而在AI时代，这种拖延将付出更高昂的代价，因为技术换代周期大大缩短了，制度若按老思路十年修一回补丁，早已落后好几代技术，错失发展良机。

- 权力格局的路径依赖：制度变革往往触及既有权力分配，掌权群体出于自保本能，往往抗拒变革。很多时候，并非技术不可用，而是既得利益者不愿用。经济学者达龙·阿西莫格鲁和詹姆斯·罗宾逊在研究中指出："精英阶层因为拥有既得特权，而对可能打破他们权力平衡的新技术采取抵制态度"。历史上这样的例子比比皆是：19世纪奥斯曼帝国曾长期禁用印刷术，因为手抄书的利益被宗教精英垄断；清朝抵制工业机器，因为贵族害怕动摇封建秩序。同样地，在当今组织中，高层管理者也可能因新技术让决策更透明而感到权威受挑战，故意拖延其应用。在政治领域，传统官僚体系的中层干部可能担心AI简化流程会削弱自己的存在价值，于是阳奉阴违地冷处理技术革新。权力的路径依赖使制度具有内在惰性：当前的权力结构是适应旧环境形成的，面对新技术可能改变游戏规则时，这些掌权者理所当然地倾向于维持现状。正如有观察者所说，组织中对AI的抗拒本质上不是"官僚惰性"，而是战略性的自我保存。中层管理者清楚AI提效意味着裁撤冗员、权力下放，对他们而言，AI不是机遇而是威胁。因此，他们会利用对流程的控制来拖延、弱化AI项目的实施。这种出于私利的抵抗在各时代屡见不鲜：卢德分子砸机器、打字员反对文字处理器、出租车司机抵制打车软件。精英阻碍创新的结果就是制度停滞，将整个社会的发展作为代价。只有当变革真的不可逆转地到来或者权力更替时，这道闸门才可能打开。

- 伦理争议与公众认知：每当新技术出现，总会引发社会的伦理担忧和争议。在AI议题上尤其如此，公众对于算法歧视、隐私侵犯、失业冲击等问题高度关注。这些伦理争议常被当作拖慢技术部署的理由。一方面，这种谨慎有其必要性——我们确实需要确保AI系统符合安全、公平、透明等价值，否则可能造成新的伤害。但另一方面，有时决策者也可能过度强调道德风险以掩盖不作为。例如，某些政府机构迟迟不采用AI辅助决策，口径上是担心算法不够透明、公平性存疑，但背后也许是不愿改变现有决策流程或承担责任。伦理议题成为技术部署的拉锯战场，导致制度反应进一步迟缓。即使在客观存在的问题上，由于社会尚未形成共识，也难以及时制定规则，宁可按兵不动。伦理成为技术阻力的现象在实践中大量存在。例如，出于隐私保护考虑，很多国家立法严格限制数据共享和人脸识别等AI应用。这本是善意的保护，但也可能无意中妨碍了公共安全、防疫等领域AI的合理应用（如前述疫情数据共享难题）。政府需要在技术进步与伦理价值之间寻找平衡，但目前来看更多时候选择了停下脚步观望，从而让制度进一步滞后于技术。正如一份针对政府AI采用的报告指出的，各国政府普遍面临从数据隐私、安全到算法偏见等一系列伦理两难。如果没有创新的治理思路，这些担忧会持续拖住AI融入公共服务的步伐。

- 官僚体系的自我保护：大型科层组织有一种内在的自我保护机制，倾向于保持自身稳定和延续，哪怕效率低下也在所不惜。官僚体系在长期运转中形成了自我证明和自我繁衍的逻辑：层级、规章、程序越复杂，内部人员越能够以此证明自己必要，从而抵御外部精简和革新要求。AI技术常常以简化流程、减少人力为卖点进入组织视野，这自然引起官僚体系的免疫反应。许多政府机构在面对自动化方案时会提出各种理由搁置，例如"数据质量不足以实施""本部门情况特殊AI未必适用"等等。这些理由有的并非全无道理，但也反映出组织对改变的本能抗拒。特别是当变革威胁到机构编制和预算时，阻力会格外大。官僚体系内部的信息不对称也助长了这种自护倾向——高层或许有推动改革的意愿，但中层掌握具体操作细节，可以通过拖延、敷衍来消解改革意图。例如，一项上级部署的政务AI试点，基层可能表面执行却暗地里让算法输出与人工流程一致的结果，等于白忙活。久而久之，上级也许就认为AI"没什么用"，项目也就搁浅。总而言之，官僚的惰性和防御心态使其像一个生物系统，排斥一切可能削弱自身控制权或生存空间的"异物"。人工智能恰恰是这样的外来者，因此遭遇层层壁垒也就不足为奇了。

归根结底，制度滞后的根源并非某一个群体的道德缺陷，而是整个系统在结构和认知上的欠缺灵活性。制度是在过去环境下逐步演化的产物，当环境（科技）发生飞跃时，制度如果没有相应的变异机制，就会出现不适症。历史一次次证明了这一点：中世纪的行会制度无法适应工业革命的新生产力，最终被现代公司制和自由市场取代；近代君主专制难以容纳大众传播和启蒙思想，终被代议民主所替代。同理，今天我们处在AI和数字化革命的开端，现有20世纪建立的制度框架必然面临严峻挑战。如果抱残守缺、不思变革，矛盾将不断积累，直到引发全面的信任危机和功能失灵。解决之道不在于压制技术进步以求制度稳定——那只会"饮鸩止渴"，最终连制度自身也难保。相反，我们需要直面这些深层根源，在制度设计层面引入新的思想和机制，使其能够与技术协调共生。

共演进的未来：让制度与AI相辅相成

既然人工智能已经展现出如此巨大的能量，而现有制度又明显无法良好兼容，那么人类社会必须思考如何重塑制度，以实现技术与制度的共同演进。历史上的制度变迁从来不是被动等待，而往往是因为新事物的出现逼迫社会做出创造性的制度创新。在AI时代，我们同样需要大胆想象和尝试未来的治理形态，使之既能 harness（驾驭）AI的力量，又能避免技术失控或权力滥用。以下是一些可能的制度演化路径与方向：

- AI辅助的制度设计与决策：未来的政府和组织应当将AI视为决策过程的积极参与者或"超级参谋"。这意味着在政策制定、法律起草、规划设计等环节，引入AI模型进行模拟和论证。例如，借助AI构建政策沙盘推演系统，在推出一项新法规前让AI基于历史数据和经济社会模型预测其可能的影响和副作用。这样可以预先发现方案中的漏洞，提升决策质量。波士顿咨询公司的一份报告指出，政策制定的基础工作（识别需求、证据分析、效果预测等）非常契合AI的能力，如果善加利用，可让政策制定更加科学、快速且不遗漏盲区。当然，"AI参谋"并不取代人类价值判断，而是提供数据驱动的理性支撑。人类决策者依然要综合考虑伦理、舆情等因素，但有了AI，他们可以摆脱信息不足的桎梏，把精力集中在价值权衡上。可以预见，"AI+智库"将成为未来治理的重要模式：AI在前台快速汇总分析，生成决策备选和依据；专业人士在后台基于这些洞见，结合社会价值制定最终方案。在立法层面，甚至可能出现"算法立法助理"，实时整理民意反馈和法规实施效果，向议员提出修法建议。这种AI辅助制度设计的理念，将使规则能够更及时地反映现实变化，并形成持续改进的反馈回路。简言之，让制度自身具备"学习"能力：不断利用AI分析执行数据，发现现有规则的不足并提出修改，从而实现制度的动态优化。

- 算法型协商与公众参与：民主制度需要与时俱进地吸纳大规模公众参与的新形式，AI可以在这方面发挥独特作用。传统公共决策往往受限于代议制和舆论场的噪音，难以及时获取多数人的真实偏好。而AI驱动的协商平台可以汇聚众人的意见并从中提炼共识。有一个著名的实例是开放源代码的对话工具Pol.is，这是一个由AI算法支持的在线公众讨论平台。它允许成千上万的人就某个议题发表看法、对他人观点表态，而后台的机器学习算法会实时识别人群中意见的聚合和分歧，绘制出观点图谱。这种系统已经在一些地方用于协商治理，取得了良好效果：决策者可以一目了然地看到哪些主张得到广泛认可、哪些问题存在争议群体，从而聚焦于有建设性的方案。算法协商系统的引入，有望突破目前民意表达的种种局限（比如少数激进声音淹没多数温和意见、回音室效应等），为共识决策开辟新途径。未来，我们可以设想政府在制定政策前先开启线上AI协商会议，普通公民通过智能平台参与讨论，由AI整理出几套得到最大公约数支持的方案供政府参考。这并非乌托邦：Pol.is等工具的成功证明了AI在凝聚多元意见上的价值。更进一步，AI还可以个性化地帮助公民理解政策。面对复杂议题，AI助手可以用浅显易懂的方式向不同背景的人解释并提供他们关心的侧面信息，降低公共讨论的门槛。这将极大地提高民主协商的质量和效率，让公共意志更有效地传导到制度设计中。算法民主并非要取代代议制，而是作为其有益补充，使民主更直接而理性。

- 去中心化的权力协调机制：AI时代还可能促使我们反思"一国政府统揽一切"的传统模式，转向更灵活的多中心治理。因为技术的普及使得很多事务可以由本地或基层单元自行解决，甚至私人组织和社区也能承担过去只有政府才能完成的协调工作。例如，随着远程办公、数字身份等的发展，个人未必需要将全部社交和经济活动绑定于户籍所在地，一个人可以同时参与多个社群并拥有多重身份认同。这为多元治理主体的出现创造了条件——城市、企业、在线社区都可以成为某种治理单元，与传统国家分担职能。我们已经看到一些迹象：大型科技企业在自己的园区里建立了接近自给自足的小社会，提供员工住房、医疗、班车、安保等服务，俨然"公司城邦"的雏形；一些特大城市因为拥有强大经济科技实力，开始在国际事务上直接发挥影响，宛如半独立的政治实体；互联网上，去中心化自治组织（DAO）利用区块链技术实现成员共同管理资产和项目，不受地域限制。AI可以在其中扮演协调和仲裁的中枢角色，使这种多中心治理高效运转。例如，不同城市和社区之间通过智能合约和AI代理进行资源调配，当某地出现电力短缺时AI自动从富余地区调度能源并结算费用；又比如，区域性的问题由当地自治AI系统先行处理，只有当超出其能力或牵涉广泛利益时才上升到更高层级。在这种架构下，权力不再高度集中于单一层级，而是根据问题类型和范围动态分配给最合适的治理单元。AI则确保各单元决策在整体上协同一致，不出现信息断层和资源错配。简单来说，就是构建一个"分布式治理网络"：许多节点各自自治，但通过算法形成合力。这样的制度既能发挥本地积极性，又能避免群龙无首。它借鉴了自然生态中"分布式调节"的思想，也契合了数字时代扁平化的趋势。当然，实现这一点需要慎重设计AI权限和问责机制，以防止算法独裁或失控。但从长远看，去中心化、网络化的治理可能比传统科层体制更适应快速变化的技术社会——正如互联网自身的去中心结构带来了强大适应力，社会治理架构也许也应走向类似的形态。

- 自动化的反馈与纠偏机制：在未来制度中，还应充分利用AI建立实时反馈调节的机制，使政策和管理能够像自动控制系统一样根据反馈迅速纠偏。传统的政策往往推出后要隔很久才评估效果（比如每年总结一次），决策层和执行层之间缺少即时联动。而AI可以帮助建立"感知-决策-调整"的闭环。例如，在城市管理中部署传感器和AI分析，实现智能反馈治理：当交通AI监测到某路段拥堵加剧时，立即自动延长相关路口的绿灯时间疏导车辆；当环保AI发现空气质量下降超标，实时通知工厂和车辆限产限行。这实际上已经在一些智慧城市初现端倪——某些城市通过AI调控交通信号，使交通拥堵时间减少了40%。这证明自动反馈的治理模式可以大幅提升效率、降低人为延误。同理，在宏观政策上也可引入反馈回路。例如财政和民生政策的执行数据由AI持续监测，一旦偏离预期（如物价涨幅超目标、失业率异常上升），系统会自动提醒决策者甚至依据预设规则触发轻微的政策调整（比如临时补贴发放或利率微调），而不是等季度总结再做反应。这种"算法稳态"机制类似于给社会经济安装了恒温器，由AI不停感知环境变化并适度调节，避免出现过热或滞涨等极端情况。当然，人类会设置策略边界和安全阈值，AI只是执行预先商定的调节策略。通过自动反馈，我们可以将很多治理活动的反应时间从几个月缩短到几天甚至几小时，让制度的响应速度逼近AI本身的实时性。

- 嵌入价值观的算法治理：最后值得强调的是，无论制度如何引入AI，我们都必须同时发展AI治理的制度本身，确保算法的行为符合人类的价值观和法律框架。未来制度演进的一大课题就是如何在算法中落实治理原则，比如透明度、问责性、公平正义等。这需要在技术和法律层面双管齐下：建立算法审计制度，规定关键决策AI需定期接受独立审查；制定法律明确出现AI决策偏差时的责任承担（例如算法造成歧视性结果时谁负责纠正和赔偿）；赋予公众一定的知情权和监督权，让AI决策过程可解释、可质询。在公共部门推动AI应用的同时，必须坚持"负责任的AI"原则。政府应带头遵循价值导向，比如在公共算法中内置对弱势群体影响的评估，宁可牺牲一些效率也不违反公平。只有这样，AI与制度的融合才不会引发新的不公和紧张。技术赋权和制度约束是一枚硬币的两面：有效的未来制度既要敢于使用AI的强大能力，也要能约束AI在规则和伦理范围内行动。这需要社会各界共同探索，例如通过公众参与制定AI治理准则，实验沙盒来测试算法政策效果等。

展望未来，我们有理由相信制度与AI并非不可调和的对立面，而是可以通过革新实现深度融合、相互促进的关系。想象一个场景：未来的社会治理如同一张智能网络，基层社区、城市、国家各层级通过AI紧密相连。数据流在这张网上实时流动，哪里出现问题都能迅速感知；协商与决策在网上透明进行，公众意见通过算法得到公平采纳；政策实施后效果即时反馈，AI辅助调整优化；权力不再固守在金字塔尖，而是通过网络节点分布在各处，由最适合的人或AI来行使……这样的图景听来像科幻，却并非无本之木。它建立在技术趋势和人类治理智慧的交汇点上。如果说工业社会要求我们设计出科层制和法治来驾驭蒸汽机和电力，那么智能社会要求我们发明新的协同制和数治来掌控人工智能带来的力量。

拥抱变革，弥合鸿沟

当我们站在AI时代黎明，回望仍停驻在昨日的制度，不禁要扪心自问：当技术日新月异，我们的制度为何故步自封？这并不是要苛责前人，而是提醒当下：技术跃迁与制度滞后的矛盾已成为时代的基本矛盾。正视它、弥合它，是我们这一代人无法回避的使命。就像19世纪末汽车出现后，人们最终舍弃了马车时代的法规，重新制定交通规则一样，我们也必须勇敢地为AI时代重写"社会说明书"。这既是为了释放科技红利，让全人类共享AI带来的繁荣便利，也是为了维护社会的公平稳定，避免因制度失灵导致的动荡和失序。制度变革从来不是易事，尤其当牵涉权力结构和价值观冲突时，更需智慧和勇气。然而更加危险的，是抱残守缺、一动不动。历史的车轮不会等待迟疑者。我们要做的，是让制度之舟升级换代，跟上科技巨浪的推进，否则就只有被浪潮吞没。展望未来，AI将无处不在，而人类的智慧不在于抵抗变化，而在于驾驭变化。愿我们能以理论的深刻和实践的想象力，去描绘并打造制度与技术共生共荣的新文明。唯有如此，我们才能跨越那道"AI赋予神力、制度停在中世纪"的时代鸿沟，在新的社会契约下迎接人类文明的下一次飞跃。只有完成这场蜕变，我们才能真正释放AI的红利，步入一个更加繁荣、公正和有韧性的未来。

2

第二章 资本全球畅行，劳工难越国界

"天赋是均等分布的，但机会却并非如此。"

— 莱拉·贾纳

历史与制度：资本自由流动 vs. 劳动力身份壁垒

2I世纪的全球经济中，资本如同无形之水，可以瞬间跨越国境。巨额资金透过电子网络在全球各市场间自由穿梭，而与之对照的是有血有肉的劳动者，却往往被国界线阻挡在外。为什么资本能够全球高速流动，而劳工却步履维艰？这背后有深刻的历史与制度原因。

首先，从历史演进看，现代民族国家体系奠定了人流管控的基础。20世纪以来，各国普遍建立了护照签证制度，以主权原则严格控制人员出入境。这意味着劳动力的跨国迁移受制于国籍身份，一本护照成为决定个人行动自由的"等级证书"。相反，资本则在布雷顿森林体系及后来的全球化进程中迎来了"解放"。各国逐步放松外汇管制、开放金融市场，使得资金可以在法律和数字账本的掩护下自由进出各国。这种制度安排造成了资本高度全球化、劳动力高度本地化的格局：资本不问出身国籍，逐利而动；劳工却因出生地和身份被束缚。

其次，制度设计本身偏向资本自由。冷战后兴起的新自由主义全球秩序，强调贸易投资自由化，却很少触及人员自由流动。跨国投资协定和自由贸易区为资金和商品扫清障碍，但移民政策仍牢牢握在各国政府手中。劳工流动牵涉主权、安全和文化认同等敏感问题，因而各国倾向于保留严格的边境管控。历史上少数关于劳工流动的国际协议（如某些区域性的劳工自由流动安排）规模有限，远不及资本流动的全球规则体系。结果就是"资本无国界，劳工有栅栏"成为常态。全球化进程在商品和资本领域高速推进，而移民流动依旧步履蹒跚，这种不对称被制度化地嵌入了现行国际秩序。

再次，金融与科技的发展也强化了资本流动的优势。当下资金可以通过算法高频交易在数毫秒内绕遍地球，而人类肉身的移动仍需要漫长的签证审批和旅程。资本享有的是"瞬时移动权"，劳工面对的却是"身份许可制"。历史上的殖民与工业化时期，劳动力曾大规模跨境流动，但进入现代国家体系后，这种自由受限于严格的公民/非公民区隔。资本则借助跨国公司和金融机构的网络，摆脱了地域限制，实现了近乎全球无摩擦流动。总之，从历史和制度视角看，资本与劳工迥异的流动性并非偶然，而是权力结构和政策选择的产物。全球规则偏好资本，主权逻辑束缚劳工——这一格局为我们理解当今世界埋下了伏笔。

结构性不对称的后果：贫富失衡、社会不稳与人才浪费

资本全球畅行而劳工难移，这种结构性不对称带来了深远的影响。最直接的莫过于全球贫富失衡的加剧。资本可以任意逐利，往往流向劳动力成本低廉的地区获取高额回报，却不给当地劳工提供向高收入地区迁移获取更高工资的机会。这导致发达地区的资本所有者攫取了大部分全球化红利，而发展中地区的工人却难以分享。同一份工作因所在地域不同薪酬相差数倍，但劳动者无法通过迁移来弥合这一差距。研究指出，跨国商品和资本流动相对于劳动力更为活跃，会削弱劳工议价能力，造成工资长期受压，并限制对资本征税的可行性，转而增加劳动收入的税负。低收入阶层主要依赖工资收入，这意味着此种格局将进一步扩大收入不平等。

不对称流动还埋下了社会不稳定的种子。一方面，资本在全球自由移动使各国政策受到"逐底竞争"的压力：为了留住资本，政府竞相降低税负和放松监管，却无力提升本国工人的待遇，因为劳工无法同样自由"出走"。这加剧了社会各阶层间的紧张：资本一方收益上升而劳动一方收入停滞甚至下降，滋生出对精英和全球化的不满情绪。从欧美到发展中地区，民粹和排外思潮都有一部分根源于这种失衡结构。当大批劳工感到被全球资本抛在后面、命运被锁定于出生地时，社会的向心力和制度合法性都受到挑战。资本的流动性变成了劳工的不安全感：金融危机时资本瞬间逃离，引发本地失业和动荡；跨国企业以搬迁相要挟压低工资，使工人陷入进退两难。这些现象都在撕裂社会稳定的基础。

此外，一个经常被忽视但极为重要的后果是全球人才的巨大浪费。当前制度下，许多有才华有技能的人因为国籍和签证受限，无法在最适合发挥才能的地方工作生活。这种"人才错配"在微观上是个人的不幸，在宏观上是人类资源的低效配置。经济学家估计，如果解除移民限制，让劳动力自由流动，全球GDP将大幅攀升，甚至可能增加一倍。原因很简单：同一个人，在一个机会匮乏的环境可能陷入失业或低薪，但如果能移动到需要其技能的高需求地区，就能创造出数倍的价值。当我们拒绝劳工跨越国界时，并非只是阻碍了个人前途，而是剥夺了世界本可拥有的经济贡献。正如有学者指出的，当你把人阻挡在国境之外，相当于扼杀了他们本可以对全球经济做出的贡献。这种人才浪费还体现在"脑力流失"和"技能贬值"上：许多技术移民即使到了新国家，由于资质认证等壁垒，被迫从事低于其技能水平的工作，造成"埋没人才"的局面。这不仅损害个人尊严和发展，也意味着教育投入和人力资本的巨大浪费。有调查发现，在某些发达地区，近一半受过大学教育的移民从事着技能要求远低于其资格的工作，失业率也显著高于本地同行。这一现象被称为"脑力浪费（brain waste）"，其代价是双重的：移民本人抱负无法实现，所在社会也失去了本可获得的专业服务和经济产出。

综上，资本与劳工流动的不对称塑造了一个两极分化且充满张力的世界：财富高度集中而贫富悬殊；社会矛盾因不公平感累积；大批人才的潜能因身份所限而无法施展。这种格局不可持续：既违背效率，也有悖公平，为未来的社会与制度变革埋下伏笔。我们亟需思考如何打破这一僵局，让全球化真正惠及"人"，而非仅惠及"资本"。

技术破局？区块链、AI与远程工作的潜力

面对资本与劳工流动的鸿沟，新兴技术被寄予厚望：能否借助技术的力量，改变劳工跨境受阻的现状，赋予个体更多自主流动的能力？近年涌现的区块链、人工智能（AI）、远程工作平台等技术，正为这一问题提供全新的视角与可能性。

I. 数字身份与链上信任：区块链技术的去中心化特点，为解决跨国身份认证和信任问题带来了突破。当前劳工跨境流动的一大障碍在于身份和资格难以得到普遍承认。例如，一名工程师或医生如果移居他国，往往需要冗长的资质认证过程，其学历、执照可能不被新国家认可。而区块链可以充当全球信任机器，将个人身份、学历、技能等信息记录在不可篡改的分布式账本上。有研究指出，区块链和强加密技术能够建立一个全球适用的数字身份证明体系，涵盖出生、健康、国籍、教育等各类个人数据。设想未来每个人都有一个"链上迁徙记录"，将个人的学历证书、工作履历、职业执照甚至过往迁徙足迹都加密存储在链上。当他来到任一新环境，只需出示链上身份，无需依赖任何单一政府的证明，就可被快速信任和接纳。这实际上就是打造"流动人格账户"的概念：每个个体拥有一个随身携带的数字人格账户，里面是经过验证的身份与技能凭证，由本人自主控制。在未来的愿景中，身份不再是由某国政府垄断

颁发的标签，而成为个人可自主管理的数字资产；技能也不再需逐国重新认证，而是通过技能可信传输网络实现"一次认证，全球承认"。区块链上的可验证凭证（Verifiable Credentials）技术已初步展现了这种可能性：个人的学历、技能证明可以由原颁发机构数字签名，一经上链，全球通用。这将极大降低人才跨境流动的摩擦，避免技能浪费。

2. AI人才匹配与远程协作： 人工智能和网络协作平台正在重塑"工作"的地理意义。疫情期间远程工作的流行证明了跨越空间限制协作的可行性。AI驱动的全球人才匹配系统可以根据企业需求和个人技能，实现无国界的工作撮合。想象一个智能平台，上面发布着全球各地的任务和岗位，AI自动匹配最合适的个人，无论此人身处何国。雇佣双方通过智能合约签订协议，报酬以数字货币即时结算，一切都在云端发生。这样的场景早已不是科幻：现在就有分布式自由职业者平台利用AI筛选简历和作品，将项目分配给遍布全球的程序员或设计师团队。远程工作技术的发展，让"数字迁徙"成为现实：人可以不移动肉身，就将才能输出到世界各地。数以百万计的人通过互联网"迁徙"到另一个国家工作，为海外企业远程服务。例如，一个高水平的开发者可能生活在生活成本较低的国度，却通过远程为硅谷公司工作，领取远高于本地的薪资。这种"地理套利"增强了个人财务自主权和谈判能力。AI还可以帮助打破语言和文化壁垒：实时翻译、跨文化协作工具，让来自不同语言背景的劳工也能融入全球团队。这些技术进步在某种程度上削弱了"出生地决定命运"的旧观念，因为人才不一定非要移民才能服务异国市场。正如有人所说，数字技术正在将传统国家对人的控制削弱，赋予个人前所未有的自主权。当然，远程工作无法完全替代实体迁移——建筑工人、医生等许多职业需要现场实践。然而，即使在这些领域，AI和机器人技术也可能通过远程操控等方式部分实现跨境服务（例如远程医疗手术、跨国工程项目远程指导）。总之，技术为劳动力跨越地理限制提供了新渠道：要么人随工作走向远方，要么工作通过网络来到人身边。

3. 智能合约与全球劳工契约体系： 技术不仅赋能个人，也为宏观层面的制度创新提供了工具。区块链的智能合约可以看作是一种"可编程的法律协议"。未来我们可以设想建立一个全球劳动力契约体系，由智能合约来规范跨境工作的权利和义务。在这个体系下，劳工和雇主之间的劳动合同不再依赖某一国的法律管辖，而是写成公开的智能合约代码，部署在区块链上自动执行。例如，一个尼日利亚的自由职业者与德国公司签订远程工作合约，可以通过区块链确保双方履约：工作交付后智能合约自动释放报酬，过程透明且防止拖欠。正如有未来学家所畅想的，可以将贸易和劳务的规则编写为智能合约，使每一笔交易和每一次劳动贡献都能自动化、权限明确且可分类记录。这种体系相当于打造"链上劳工市场"，让全球劳动力在统一的数字法则下进行协作和交换。在某未来社会构想中，甚至连生产组织形式也可以去中心化：各种劳动自治节点（如由工人组成的DAO，自主经营的生产单元）通过智能合约连接成网络，在全球范围内配置资源。每个人都作为"劳动自治节点"参与经济活动，自主决定与谁合作、如何分配劳动时间。这样的网络中，传统意义上的雇主和国家角色弱化，取而代之的是契约关系和信誉体系。这种技术驱动的契约网络，有潜力避免现行体系下跨国劳务关系中的剥削和真空地带。举例来说，一位远程自由职业者在链上接到合约后，不必担心所在国劳动法无法保障报酬，因为智能合约已经提前托管了薪资款项；雇主也不必担心支付后拿不到成果，因为交付未完成智能合约不会放款。所有这些规则都由代码"自动执行，无法作弊"。由此，一个超越国界的劳动力契约体系得以萌芽，它建立在技术信任之上，而非取决于各国政府的管辖。

需要指出的是，技术固然提供了可能，但并非万能。目前来看，仅靠远程工作和数字身份，还不足以彻底打破人员流动的结构性不平等。毕竟很多岗位需要人亲临其境，文化融入和社会保障也不是技术可以简单解决的。但技术的确在打开缺口，为未来更深入的制度变革创造条件。区块链和AI可以被视为"撬动制度杠杆的支点"：它们让我们第一次看到了在不彻底依赖传统国家的情况下，实现全球人才流动与协作的雏形。当前已有的去中心化身份和资质验证、远程工作实践，证明了技术的可行性。下一步则要看我们如何结合技术与制度创新，真正架构出以人为中心的新流动秩序。

未来城邦：重新配置人力流动的制度想象

要根本解决劳工难越国界的问题，或许需要超越现有民族国家框架，想象全新的政治与制度单元。"未来城邦"便是这样一种大胆构想：即在未来，涌现出一批不以传统国境划定、公民身份可编程重组的新型城邦或网络国家。这些未来城邦将如何重新配置人力资源流动？它们能否打破国籍藩篱，建立起以人为中心的流动新秩序？

I. 可编程公民权： 在未来城邦中，公民身份将被重新定义为一种可编程的契约，而非与生俱来的烙印。在当今体制下，公民权往往取决于出生地点或血缘，"国籍"成为个人身份的最高边界。而未来城邦提出另一种可能：公民权可以像加入一项服务那样被"认领"。有理论家提出了"可编程公民权"的概念，即通过数字协议赋予个人选择所属共同体的权利。举例而言，一个基于区块链运作的城邦可以编写一份"公民智能合约"，任何认同该城邦价值观并接受其治理规则的人，都可以签署合约立即成为其中一员，无论他物理上居住在哪里。正如一个未来社会实验"火星框架"所宣称的：公民身份不再由出生赋予，而是由个人自愿"声明"获得。这一理念颠覆了几千年来公民隶属由政府批准的惯例，转而把决定权交给个人与社区本身。通过密码学手段保证一个人同时只能遵守一套城邦公约（防止一人多重身份产生利益冲突），公民权可以根据个人意愿在不同城邦间"迁移"，就像程序的模块可以插拔更新一样灵活。在这种设计下，"国籍"变成了"协议"：个人选择加入哪个城邦协议，就获得相应的数字公民身份，不受原始国籍限制。可编程公民权意味着如果一个城邦治理失灵，公民可以迅速"用脚投票"迁往更好的城邦——这一过程甚至不需要挪动居所，只需在数字上切换身份即可。这样一来，人才将不再被困于不合适的国家，各未来城邦为了吸引人才也会竞相改善治理，因为人在制度面前有了前所未有的选择权。

2. 以人为中心的流动秩序： 未来城邦追求的是一种"以人为中心"的流动秩序，相较当今"以国家为中心"的秩序发生了根本转换。如果说传统国际体系把人视为国家的人力资源，那么未来城邦体系则把人视为自主的个体，国家/城邦的作用是为个人发展服务。由此可以设想若干制度创新。例如，"链上人口普查"用于保障流动秩序：城邦在区块链上实时统计其公民分布和迁徙动态，以公开透明的数据获取外交承认和协调。每个城邦可能并不连续的领土，而是由全球各地志同道合者众筹的定居点组成"群岛"，用虚拟资本连接起来。个人可以自由选择在哪个定居点生活、是否搬迁至另一个定居点，城邦只通过链上身份确认公民资格，而不设传统边境签证。这种高度流动性要求新的秩序来维持：数字迁徙权或将成为一项基本权利，被写入未来城邦的"元宪法"。数字迁徙权意味着个人有权在数字城邦体系中自由迁徙和选择居所（包括物理和数字空间），不被任意剥夺。这类似于《世界人权宣言》第13条赋予的人身迁徙自由，但在未来城邦框架下将扩展为跨城邦的普适权利，而且通过技术手段予以保障（例如利用去中心化身份认证确保任何人都能加入新城邦而不受制于原所在国的阻拦）。同时还需要身份跨跃机制：帮助个人平滑地从一个城邦身份转换到另一个，而不造成社会福利中断或身份真空。这可能依托于全球统一的身份协议，当个人切换城邦时，其社保、资历、信用等记录通过技能可信传输网络无缝带入新社区，就像手机号码可携带转网一样。这种机制确保"人随其身份走"，而身份可以跨跃国别自由重组。

3. 未来城邦的人力资源配置：由于没有传统国籍的束缚，未来城邦将通过全新的方式配置人力资源，充分释放人才潜力。一方面是全球人才竞合。各城邦为了繁荣，将在全球范围内吸引优秀人才，不再局限于地缘。它们可能提供有竞争力的"公民待遇套餐"——例如高质量的教育、医疗，无论公民实际居住何处都可享受，由城邦通过跨国服务网络提供。这有点类似于企业吸引员工的福利包，但对象扩大到公民群体。在这样的竞合下，人才流动将高度频繁：如果一个城邦不能持续满足公民期待，公民可以快速流出，这给治理者以强约束，迫使其提高管理水平和包容性。从另一个角度看，未来城邦之间也会协作分工，形成全球人力网络。由于公民可以跨城邦参与项目，一个工程师可能同时为多个城邦的企业远程工作，各城邦之间通过协议分享人力资源。这类似于今天跨国公司共享人才，但运作主体变成了城邦，个人则有更大自主权。人才不再"归属"某国，而是"归属"整个地球的人类网络，根据项目和兴趣在不同城邦间切换角色。

4. 公民契约与自治经济：未来城邦中的经济和社会关系，将以新的契约形式组织。例如，每个城邦都可能运行自己的区块链主权货币或代币，用于激励贡献和分配收益。公民参与城邦建设（例如完成公共项目、贡献代码、提供社区服务）可以获得代币奖励，从而有动力投入集体事务。在劳动力流动层面，这意味着劳动契约上升为城邦公约的一部分：城邦通过公约保障每个公民的基本劳动权利和福利，而公民则通过贡献来分享城邦经济成果。这事实上形成了全球劳动力契约体系的雏形——超越单一国家，由城邦联盟或全球协议制定的一套劳动基准和社会保障体系。当个人自由流动于不同城邦，他的劳动权益随身携带，由全球统一的契约保障，无论身在何处都享有基本保障（如最低工资、医疗保险等）。我们可以把它想象为一个跨城邦的"社保链"，所有城邦共同出资维护，当公民迁移时，新城邦自动承接他的社保账户而无缝续接。从业者也可选择加入全球性的职业联盟DAO，作为"自治节点"维护自身权益，与城邦治理对话。总之，未来城邦制度试图打破国籍壁垒，从制度上重新配置人力资源：以个人为中心而非国家为中心，赋予个人选择归属和迁徙的权力，同时通过新型契约维护秩序与福利。这种构想为我们展示了劳工全球自由流动的一种可能路径，即通过创设新的制度单元和规则来实现，而不是寄望现有国家无缝合作就能达到同样效果。

数字迁徙权与全球劳动力契约：未来全球社会的愿景

站在未来往回看，我们或许会将21世纪中叶视为人类社会范式转移的节点：从以领土和国籍为中心的旧秩序，迈向以个人和数字连接为中心的新秩序。在这一演进过程中，几个关键理念正在孕育，它们将塑造未来全球社会的人力流动框架：数字迁徙权、身份跨跃机制和全球劳动力契约体系。

数字迁徙权意味着迁徙自由的概念拓展至数字时代的全球尺度。传统上，"迁徙自由"被视为人在一国境内流动和离开返回本国的权利。而未来的数字迁徙权将超越旧定义，涵盖人在全球范围内选择工作地和居住地（包括虚拟社区）的权利。这一权利可能被写入某种形式的《全球公民宪章》。设想在不久的将来，诞生一个"人类流动宣言"，由多个前瞻国家和未来城邦共同签署，承认每个人有权在全球寻求发展机会，包括实体迁移和数字远程工作两种形式。数字迁徙权还隐含着不被身份歧视的权利：即无论来自何国，每个人都应在全球劳动力市场上获得公平对待，不应因为护照等级低就被剥夺机会。这一点需要新的国际机制来保障，例如建立全球人才流动组织来监督各国/城邦履行数字迁徙权，受理个人申诉。当数字迁徙被普遍接受为一项人权时，护照和签证制度将发生根本改变——它们不再是限制手段，而更像是登记和服务的工具。

身份跨跃机制则是实现数字迁徙权的技术+制度支撑。未来人们可能持有全球通用的"多重数字身份"。例如，一个人同时拥有原属国公民、若干数字城邦公民、职业联盟会员等多重身份，它们以数字凭证形式存在。然而多身份并存容易产生法律和权益冲突，因此需要一种机制帮助个人跨跃不同身份体系而权益连续。可能的方案是引入"主权身份钱包"：个人掌控一个数字钱包，里面储存各类身份凭证和声誉积分。当他从一个社区跨跃到另一社区时，钱包自动呈现对方所需的认证，同时将旧社区的未尽义务结清。在治理层面，不同城邦和国家需要达成互认协议，通过智能合约实现身份和社保的转移。例如，一个人在A国工作了5年，随后加入B城邦生活，他可以选择将A国的养老权益转入B城邦的社保链，或提取等值代币注入自己的身份钱包。身份跨跃机制的目标是：让人的累积权益和信用不因迁徙而丢失，最大程度减少迁徙成本和顾虑。这将鼓励更多人放心地去大胆迁徙、尝试不同的人生机会。

最后，全球劳动力契约体系描绘了一种超越国界的劳动新范式。它包含两个层次：一是基本劳动权利和保障的全球契约，二是具体劳务合作的智能契约网络。前者类似于一套"全球劳动基本法"，由各参与实体（国家、城邦、企业联盟、工会等）共同制定，规定了所有劳动者无论身处何地都享有的最低标准（如禁止强迫劳动、保障安全和基本薪酬等）。这有点像国际劳工组织的公约，但在未来会更具实质约束力，因为有区块链技术辅助执行和监督。我们已经看到金融全球化对各国劳工权利产生的影响，未来只有通过全球契约才能平衡这种影响，避免劳工陷入各自为政的弱势地位。后者则是具体执行层：利用智能合约连接全球劳动力市场，让契约自动履行。可以预见，会出现全球劳务交易所这类平台，工作合同以NFT或智能合约形式存在，流转于全球各地的劳工和用人单位之间。所有合约都遵循基本契约体系的标准，并嵌入自动结算、评价和争议仲裁模块。一旦发生纠纷，智能合约可根据预设规则自动判定或引入去中心化仲裁网络解决，而不需要传统法院介入。这种体系降低了跨境用工的风险和成本，使"全球雇佣"变得像本地雇佣一样便捷可信。

当然，从当下到上述未来愿景，中间仍有漫长的路要走。这些设想需要强大的政治意愿和国际合作，更需要克服现实中的利益掣肘和观念障碍。然而，历史的车轮往往由观念和技术驱动。正如19世纪人们无法想象今天资本可以如此自由流动，21世纪的我们也应敢于想象未来劳动力可以在地球上自由驰骋。数字迁徙权赋予个体选择命运的自由，身份跨跃机制扫清制度藩篱的障碍，全球劳动力契约体系提供公平有序的运行规则。这三者相辅相成，构成了未来全球社会人力流动框架的雏形。

展望未来，我们也许会迎来这样一个世界：出生地不再限定人生边界，地理鸿沟因技术而弥合；人们可以凭借才华加入任意一个志同道合的"城邦"，在全球范围内贡献和发展自己；劳工不再是被动的经济要素，而成为可以自主选择契约归属的"主权个人"。这是一个充满挑战但激动人心的前景。要实现它，我们需要制度的大胆创新和技术的正确引导。资本能够全球畅行无阻，人类理应也能。让我们以未来为镜，重构当下的制度框架，朝着实现真正以人为中心的全球流动秩序迈进。这将是一个漫长的改革过程，但其终极目标——构建一个人才充分涌动、机会公平共享的未来人类共同体——无疑值得我们付出努力。

3

第三章 人工智能与职业的共生时代

"科技的最佳状态，是让人们更紧密地联系在一起。"

—— 马特·穆伦维格 (MATT MULLENWEG，WORDPRESS 创
始人)

从取代到重塑

过去，人们常常忧心忡忡地问："人工智能会取代人类的工作吗？"然而事实证明，这场以AI为核心的技术革命，并非简单地上演一出"机器替人"的戏码，而是正在 重塑 我们的工作内容与模式。的确，人工智能正在以前所未有的速度和规模改变各行各业，但它带来的并不只是岗位消失，更有大量岗位的转型与升级。正如麻省理工学院教授达龙·阿西莫格鲁所指出的，如今我们依然需要医生、记者、律师、会计、办公室职员和司机，并未出现全面失业的断崖式变化。他预计在未来十年内，真正被AI完全替代的工作内容可能不超过5%。相反，更常见的情形是 人机协作：人工智能承担繁琐或机械的任务，人类则将精力投入更有创造性和价值的环节。

在现实中，无论是蓝领岗位还是白领岗位，都在与AI擦出新的火花。自动化设备和算法改变了许多传统任务，但并没有让整个人类工种销声匿迹。银行取款机（ATM）的出现一度让银行出纳员担心饭碗不保，可几十年后，美国银行出纳员的总数不减反增，自2000年以来甚至增长了10%以上。原因在于ATM替代了部分繁琐的兑付工作，使出纳员能够将角色转型为提供咨询服务、拓展客户关系等更高价值的工作。机器并没有消灭他们的工作，反而成为了他们的同事——ATM和出纳员协同为顾客服务。类似的故事不断在各行各业上演：不是机器人彻底取代人类，而是机器人作为助手与人并肩工作。

展望未来，真正决定AI影响的，不是技术本身的强弱，而是我们选择如何应用它：是用于替代人力、最大化效率，还是用于增强人力、发挥各自所长？斯坦福大学教授埃里克·布林约尔松将过度追求机器模拟人类的倾向称为"图灵陷阱"，警告如果AI一味走替代劳动力的道路，财富和权力将愈发集中，普通劳动者的处境将恶化。相反，以人为本的发展路径主张利用AI来扩充人类能力，让技术成为劳动力的放大器而非对手。历史上多数技术进步带来的其实是"任务增补"而非"任务取消"——例如机械推土机的出现极大提高了工人的产出价值，也让他们的薪资随之上涨。正如布林约尔松强调的，当技术用于增强人类时，收益更多地流向劳动者；而当技术纯粹用于替代人类时，收益则更多归于资本。

总之，AI时代的就业版图并非黑白分明的"机器取代人"。相反，我们正进入一个人机共生的新阶段：蓝领工人在机器人助手的协助下减轻了体力负担，白领职员借助算法工具提升了工作效率，专业人士与AI协作可以减少失误、覆盖过去所不及的领域。在下面的章节里，我们将深入制造业、医疗、金融、教育、客服、物流等多个领域，探讨人工智能如何 重塑 不同职业的内涵，以转变而非替代的方式改变我们的工作世界。在每一节的结尾，我们也将提出一个思考题，邀请您一同思考：在AI浪潮下，人类的角色将如何演进，我们又该如何把握机遇？请带着这一问题，走入人机协作的真实场景中。

制造业：工人与协作机器人的新共舞

在现代工厂车间，机器人不再被铁笼子隔离在人类之外，而是与工人比肩而立、协同作业。例如，在BMW的斯巴坦堡工厂，组装线上首次引入了无围栏的人机协作：装配汽车车门时，工人负责将隔音防潮薄膜定位，随后机器人接力完成费力而精细的滚压密封工序。这项改进大大减轻了工人的体力消耗，并确保了密封质量的稳定。在另一处BMW工厂，工人与头顶悬挂的轻型机械臂分工合作：工人预装小部件，按下按钮后，机器人从上方精准放置沉重的差速器外壳，两者配合在不到30秒内就完成以往需要人力费劲搬举的安装步骤。正如项目经理尤尔根·赛弗特所说，这类人机同域协作不仅提高了生产效率，更重要的是将那些对人体有伤害或枯燥重复的任务交给机器，从而"显著改善了岗位的工作品质"。值得注意的是，随着劳动力老龄化，这种协作模式还能让经验丰富的老员工在体力不支的环节借助机器人之力，延长职业寿命。机器人以其力量和精确度完美补充了人类的灵巧、智能和感知 ——人机搭档被证明比单打独斗更加出色。

制造业对AI和自动化的拥抱，并没有导致工人大量失业，反而催生了新的岗位和技能需求。例如，亚马逊自2012年启用Kiva机器人自动搬运系统以来，在全球增加了约30万个全职岗位。"机器取代人类工人"的迷思在此被打破：机器人承担了仓库中最乏味单调或高强度的体力环节，而人类员工则转向监督协调、设备维护以及物流规划等新的任务。亚马逊的经验表明，自动化与就业并非零和关系——引入机器人后，仓库运转效率提升，公司业务扩张反而需要更多人手来管理新增的订单和流程。

更重要的是，人类员工在实践中参与塑造了这些机器人系统：他们向技术团队反馈如何改进流程、安全措施和协作界面，从而共同创造了更优的工作环境。换言之，在智慧工厂里，人并非可有可无的螺丝钉，而是与技术一同进化的核心。

当然，人机协作在工厂落地的过程中也伴随挑战。必须确保机器人在工人周围绝对安全可靠，例如配备灵敏的传感器一旦检测到人员过近就立刻停机。企业还需要为员工提供培训，使其掌握与AI设备协同工作的技能，真正将机器人视为"同事"而非威胁。当工人与机器人朝夕相处，一起完成装配、搬运等任务时，一种新的工作文化正在形成：工人更多扮演监护者与决策者的角色，让机器人充分发挥体力和精度优势，而人在关键时刻进行判断和干预。这种"双人舞"模式提高了生产效率和产品质量，也让工人从繁重劳动中解放出来，从事更有技术含量和创造性的工作。

随着制造业迈向"工业4.0"，协作机器人（cobot）将更加普及，我们可以期待看到更多"人机搭档"的动人场景：经验丰富的技师与AI驱动的机械臂相互配合，将生产线变成灵活敏捷的创意空间；一线装配工通过可穿戴设备或增强现实界面与AI沟通，实时优化流程和保证安全。当机器人成为工人的可靠搭档，制造业的工作将不仅是"操作机器"，更是与机器协同创造价值。思考：在未来的智慧工厂里，工人的角色会发生怎样的演变？当机械变得聪明而有力，人又将凭借哪些优势与之比肩同行？

物流业：智能仓库中的人机组合

物流行业同样经历着人机协作的深刻变革。从仓库拣选到运输配送，人工智能和机器人技术正在帮助人类工人完成过去难以想象的任务。在大型电商的履行中心，曾经需要工人奔走数公里挑选货品，如今数以千计的橙色机器人小车在地面穿梭，将货架直接运送到拣货员面前。仓库机器人承担了物品搬运和排序的工作，而人类员工则负责精细的拣选、质检和包装。结果是效率的飞跃：订单处理速度大幅提升，人工劳动强度却降低了。这种"人机组合拳"为公司和员工带来了双赢——以亚马逊为例，在引入机器人后，其仓库员工的人数非但没有减少，还稳步增长。公司将效率红利转化为扩张动力，创造了更多就业机会，同时员工通过与机器人协作，工作环境更安全、工作内容也更有技术含量。

在运输环节，AI的作用同样举足轻重。智能算法可以优化路线规划，使卡车运输的里程和时间成本降至最低；车队调度系统利用机器学习预测道路状况和订单需求，帮助调度员做出更优决策。此外，半自动驾驶卡车正开始投入运营——高速公路上，卡车由AI驾驶系统控制，司机担任监控和应急角色；进入复杂的城市道路或最后一公里配送时，再由人类司机接管。这样的模式显著缓解了司机长途驾驶的疲劳，提高了安全性。据预测，完全自动驾驶技术真正成熟尚需时日，但在此过程中"人机共驾"将成为常态。人类驾驶员的角色会向车队管理者和系统监护人转变，需要掌握使用AI系统的技能，并在关键时刻作出判断。AI则不断学习人类的驾驶经验，不断改进。

物流仓储领域的人机协作还催生出许多新岗位。例如，仓库的维护技术员，现在不仅要会修理传送带和叉车，还得懂机器人和AI系统的故障诊断；数据分析师则实时监控供应链数据，配合AI算法优化库存和运输。可以说，AI让物流运转更加"聪明"，而人类劳动者也在变得更加"智慧"以驾驭技术。麻省理工学院的研究者本·阿姆斯特朗指出，当制造业工人首次面对自动化设备时，曾有过对技能流失的担忧——但事实证明，那些懂机械原理的技工依然吃香，新技术并未让他们失业。类似地，在物流行业，懂业务又懂技术的复合型人才将更加宝贵。

当我们收到快递包裹时，也许很难想到其中蕴含着多少人机协作的智慧：智能分拣系统在幕后高速运转，无人搬运机器人穿梭于仓库通道，而每一个关键环节都有经验丰富的人工监督。在未来的智慧物流网络中，人和AI将更加紧密地配合：AI负责"大脑"——计算最优路径、调度资源；人类发挥"灵魂"作用——处理意外情况、提供服务体验和情感关怀。那么，思考：随着物流体系越来越自动化和智能化，人类在这条供应链中的价值体现在哪里？未来的物流从业者需要具备怎样的新技能，才能与AI一起满足瞬息万变的全球商业需求？

医疗：AI成为医生的得力助手

医疗领域被认为是最难被AI取代的行业之一，但这并不意味着AI在医疗中无所作为。相反，人工智能正成为医生的得力助手，帮助他们以更高精度和效率挽救生命。在放射诊断科，AI已经能阅读医学影像并发现人眼可能遗漏的微小病灶。研究表明，将AI分析与放射科医师的判断结合，癌症筛查的误诊率可以下降近10%。换句话说，机器并没有替代医生的判断，而是磨砺了医生的"火眼金睛"。AI具备不知疲倦的图像识别能力，可以迅速扫描成百上千张片子并圈出可疑区域，而医生则综合患者的临床背景、自己的专业知识，对AI的提示进行核实、排除误报并最终做出诊断决策。两者的优势相辅相成：AI提供模式识别的长项，医生提供对背景与风险的细腻理解。最终的结果是不仅误诊和漏诊更少，诊断流程也更快、更高效。

另一个生动的例子来自眼科。全球有4亿多人患糖尿病，他们需要定期筛查糖尿病视网膜病变以防止失明。但眼科医生资源有限，许多地区患者无法得到及时检查。谷歌开发的自动视网膜影像AI系统（ARDA）能够准确解读视网膜照片中的病变迹象，在大规模筛查中表现出色。这意味着AI可以帮助医生大幅扩大医疗服务的覆盖面——通过初步筛查数以万计的患者并标记出高风险者，然后由眼科医生重点检查和治疗这些患者。AI承担了筛查这一"广度"工作，让医生专注于治疗等"深度"工作。结果不仅提高了效率，还可能挽救成千上万本可能因延误诊断而失明的眼睛。值得注意的是，在这些场景中，AI始终是辅助而非替代：正如安德鲁·麦卡菲所强调的，"分析一张影像只是放射科医生工作的一部分"。AI给出结果后，医生还需二次核查AI的分析、判断其置信度，并结合患者具体情况决定后续措施。诊断不仅需要读片，更需要人类的推理与责任心。

AI在医疗中的作用还远不止影像诊断。临床决策支持系统可以读取海量医学文献，为医生提供最新的治疗方案建议；智能语音助手可以替医生完成电子病历记录，减少文书工作；外科手术机器人提高了手术精度，外科医生通过它可以执行更微创的手术。然而，这一切都不是要让医生下岗，而是让医生"如虎添翼"。在实际案例中，AI辅助往往让医护团队实现了"1+1>2"的效果。例如，在一项关于皮肤癌筛查的研究中，单独由AI诊断或单独由皮肤科医生诊断的准确率都不如两者联合作战：医生借助AI的提示，诊断准确率显著提高，同时AI的错误在医生复核下被纠正，大大减少了漏诊。这一结果与许多临床试验的经验一致：最强的医疗团队是"AI+医生"而非单方面。

展望未来，AI或许将在医疗中担当更多角色，例如通过可穿戴设备和智能手机监测个人健康数据，提醒医生和患者潜在的健康风险；在新药研发中筛选海量分子组合，加速找到有效药物。但是我们仍需清醒地认识到，医疗不仅是一门科学，更是一门艺术和人学。疾病因人而异，治疗需要同理心和临床经验。AI可以为我们提供更多信息、更多角度，却无法取代医者对患者的人文关怀和综合判断。正如哈佛医学院的一项研究所示，不恰当地依赖AI可能反而干扰医生的表现。因此，我们需要明确AI与医生各自的分工定位，让AI在它擅长的领域大展拳脚，同时让医生牢牢掌控医疗决策的方向盘。思考：当AI越来越聪明地出现在诊室和手术台，未来的医生职业形态将如何改变？我们是否可能看到一个"数字希波克拉底"的时代，在那里医术与算法相融合，而医德与人文关怀依然闪耀？

金融：算法与分析师并肩作战

金融业向来是信息密集型行业，因而对AI技术的采用走在前列。从高频交易的算法到风险控制的模型，AI在金融领域扮演着"超级分析师"的角色。然而，这并不意味着华尔街将变成人去楼空的数据中心。相反，我们看到的是算法与金融从业者并肩作战的新范式。

在银行业，AI正在减轻分析师和法律人员的大量重复劳动。一家国际知名投行开发了名为COIN（合同智能）的AI系统，用于审阅商业贷款协议等法律文件。以往，这些合同需耗费律师团队数月逐字审查，而COIN系统在几秒钟内即可完成，并且一年可处理12,000份合同。据报道，COIN每年为该行节省了36万小时的人力审查工作。更妙的是，有了AI过滤出异常和风险点，律师和信贷人员能够将精力投向更复杂、更具价值的任务，比如谈判合同条款、制定业务策略等。正如报道所指出的，这种自动化"解放"了人类员工，使他们不再被冗杂的机械性工作牵制，可以专注于复杂决策。这里，AI扮演了一个可靠的"助理"，它不会取代律师的专业判断，但可以确保繁琐的流程零失误且高效完成。

投资研究和交易领域同样如此。AI可以在眨眼间从海量市场数据中捕捉细微趋势、执行交易，从而协助交易员抓住机会。然而，人类交易员并未因此失业——他们的工作重心转向了设计交易策略、管理风险、根据宏观环境调整算法参数等方面。AI的速度和数学能力远胜人类，但市场的多变和复杂性需要人的经验和直觉。许多顶尖对冲基金采用"人机共投"的模式：AI提出可能的投资组合和风险敞口建议，由基金经理审核调整后执行。事实证明，结合了AI运算和人脑决策的团队往往业绩最佳。哈佛商学院的一项研究也指出，在一些咨询类任务中，使用AI的专业人员在适当范围内表现优于单独工作，而在超出AI胜任范围的任务上则需要人来把关。因此，关键在于了解AI的边界，知道何时相信算法，何时该由人出面接管。

再来看一个日常的场景：客服中心与AI客服协同服务客户。在银行和保险公司的呼叫中心里，智能对话机器人可以首先接听客户来电，处理账户查询、挂失等简单而标准化的问题；遇到复杂或个性化的需求时，则无缝转接给人工坐席。如今许多客服代表都配备了AI驱动的实时知识库：当客户提问时，AI立即检索相关信息并在屏幕上提示给客服代表，包括可能的解答、客户历史、相似案例等。代表据此迅速做出回应。这种人机协同极大地提高了客服效率。据一项报告显示，引入AI辅助后，一家科技公司的客服问题解决时间缩短了40%，客户满意度上升，而客服人员自己也报告工作更有成就感。因为他们不再需要机械地背诵流程，而是将更多时间用于同理客户、解决棘手的问题。有业内人士形象地说："AI让每个客服代表都有了一个随叫随到的'超级顾问'在旁协助。"

AI对于金融行业的另一个重要意义在于降低差错和风险。例如，银行利用机器学习模型来监控交易行为，一旦发现异常模式（可能意味着欺诈或操作失误）就及时预警，交由人工进一步调查。这种人机结合的风控体系，比单靠人工肉眼盯盘可靠得多，也比全自动算法灵活得多——当AI的警报发出后，人类风险经理可以根据经验判断是误报还是真有问题，从而避免过度防范或疏漏。此外，在贷款审批领域，AI模型可以快速评估借款人资质，但最终放贷决策往往仍由信贷员敲定，特别是对于临界案例，人要考虑模型外的因素（比如当前宏观经济趋势、借款人特殊情况）。AI提供数据依据，人类负责价值取舍，两者结合使决策既科学又有温度。

值得注意的是，金融从业者也在适应AI带来的角色变化。传统上，会计师可能花大量时间核对账目、制作报告；如今许多这些流程都可由RPA（机器人流程自动化）软件和AI完成。这并不意味着会计师就此失业，而是工作重点转向分析与决策。会计和审计人员现在更多地充当"财务顾问"，利用AI整理好的数据提供洞见，帮助企业决策。AI可以自动完成发票录入、对账、编制财报等枯燥任务，但战略财务规划、复杂的判断和客户沟通仍需要人类。汤森路透研究指出，超过2/3的税务和会计从业者对AI持积极态度，认为这将使他们能够把时间投入更高价值的咨询服务，而人际沟通和同理心这些软技能是AI无法取代的。可以说，AI让数字更精准、流程更快捷，却凸显了人类在决策和沟通上的不可替代性。

那么，金融从业者如何在"AI同事"时代立于不败？关键在于拥抱变化、提升技能。一方面，要掌握新工具的使用方法，例如如何与AI模型互动、解读其输出；另一方面，更要培养综合思维和道德判断，因为AI的结论并非完美无瑕，仍需人来审视。那些愿意与AI合作的分析师和经理，将发现自己的工作变得更富战略性和创造性。如麻省理工学院教授安德鲁·麦卡菲所说："技术影响的是任务，而一份工作是由许多任务构成的"。某些任务被AI接管，并不意味着整个岗位消失——恰恰可能意味着人可以在这份工作中承担更重要的新任务。思考：当算法替我们看数据、跑模型，未来的金融人才竞争力将体现在哪些方面？我们是否会看到"人机合伙人"共同管理投资组合的景象，而人类需要具备怎样的能力来与冰冷的算法抗衡或合作？

教育：教师与AI共塑未来

教育被认为是一个高度依赖人类互动和情感交流的领域。然而，人工智能也正在这里发挥出巨大的潜力——不是取代教师，而是赋能教师，共同塑造更美好的未来课堂。在传统课堂上，教师很难照顾到每个学生的个体差异，而AI驱动的自适应学习系统正好擅长此道。通过分析学生的练习数据和行为，AI可以实时调整教学内容和节奏，真正做到"因材施教"。英国一位教师分享了她的经历：借助AI系统，她能及早发现那些悄悄掉队的学生，在问题变成危机前就有针对性地辅导。数据显示，引入自适应学习工具的学校，学生课堂参与度提高了20%，考试成绩在一年内平均提升了15%。这些数字背后，是无数学生得到了更个性化的关注和支持。

值得强调的是，AI的介入并没有削弱教师的作用，反而提升了教师的地位和价值。当重复性的批改、测验出题等工作交给AI，教师就有更多时间投入到陪伴学生成长上。他们可以担当导师、激励者的角色，专注于培养学生的批判思维、创造力和品格发展——这些是机器无法传授的。《教育哲学之父》杜威曾指出，教育不只是传递信息，更关乎心智和人格的成长。最好的教育技术也应尊重这一点，用技术来解放教师，让教师去做最重要的事。例如，AI可以自动为每个学生批改练习、给出分析报告，但面对一个情绪低落的孩子，还是需要老师亲自交流鼓励；AI可以提示某学生在数学"二次函数"单元欠缺掌握，但决定采用何种教学策略帮助他，还得仰赖老师的经验和创造力。

在现实案例中，人机协作教学已经展现成效。美国佐治亚理工学院早在几年前就尝试过一个著名的实验：他们在一门计算机课程的网上论坛中引入了一个AI助教"吉尔·沃森"，负责回答学生提出的例行问题。起初学生并不知道这位"助教"是AI，还对其高效专业的答复赞赏有加。当真相揭晓时，大家惊讶之余也认识到：原来许多重复问答的工作可以交给AI处理，而人类助教则能将精力用于更复杂的学术讨论和一对一辅导上。这次实验的成功表明，AI可以在教育场景中胜任一些辅助支持的任务，让教师有更多余裕关注高层次的教学。

AI在教育中的应用还可以拓展到教学管理和内容创作等方面。比如，教育管理者可以利用AI预测哪些学生有辍学风险并及时干预；AI还能根据教材和学生兴趣生成富有创意的课件或练习题，供老师参考使用。教师也可以通过虚拟现实（VR）等技术，让课堂更具沉浸感。不过，技术永远只是工具，如何使用工具决定了结果是冰冷还是温暖。教育的核心在人，在于师生互动所激发的灵魂火花。因此，我们需要构建的是"AI+教师"的新型教育生态：AI帮助完成"教书"，教师更加专注"育人"。正如一位使用AI教学辅助的老师所说："AI处理了繁琐事务，我反而有更多精力去激励和关心学生"。对于未来教育工作者而言，拥抱AI不仅是掌握新技术，更是转变观念：乐于与AI合作，共同为每个孩子找到最适合的学习之道。思考：当AI逐步融入课堂，未来的教师需要扮演怎样的新角色？我们是否会出现"AI辅教，人类主导"的教育范式，让每个学生都能获得个性化且富有温度的学习体验？

客户服务：人机协作提升客户体验

在客服领域，人工智能技术的大量应用已经让我们每个人都深有体会。从拨打客服电话先接通智能语音，到各大网站弹出的在线聊天机器人，AI正承担着客服一线"咨询顾问"的工作。但优秀的客户体验往往离不开人性化的服务，因此越来越多公司采用"AI+人工"双模式来提升客户满意度。

以某大型电信公司的客服中心为例：当用户来电时，AI语音助手首先上阵，通过自然语言处理迅速识别客户问题。如果是查询余额、流量用量这类简单问题，AI会直接回答并指导用户操作；如果检测到客户询问涉及复杂的技术故障或情感诉求，AI会立即将电话转接到人工坐席。同时，在后台AI已将客户基本信息、问题摘要和初步解决建议发送到坐席屏幕上。于是人工客服一接起电话，就像得到了一个全能小秘书的支援，可以快速、有针对性地为客户服务。这种协同流程显著缩短了通话时长，提高了一次性解决率，客户自然更加满意。

不仅如此，AI还能充当客服代表的"幕后军师"。很多呼叫中心都部署了实时对话分析AI：当客服代表与客户通话时，AI实时转录语音并分析情绪和关键词。如果检测到客户出现愤怒语气，AI会提醒客服代表需要更有耐心地安抚；如果客户提到某产品型号，AI立刻调出相关资料供代表查看。一些AI系统还能在通话结束后自动总结交谈要点、提取待跟进事项，生成工单记录。这样，客服人员减少了大量手工记录的负担，可以腾出精力倾听客户、解决问题。经过培训的客服代表反馈，他们与AI合作之后，工作压力降低了，服务质量反而提升，因为AI协助他们避免遗漏细节、遵循最佳实践。

线下的客户服务同样能从AI中受益。在零售门店中，导购员可以使用AI驱动的移动设备查询库存、产品信息，以便及时解答顾客疑问；酒店的前台接待可能配备语言翻译AI耳机，与外籍客人交流无障碍；银行的大堂经理则通过智能机器人为排队等候的客户提供简单咨询。所有这些场景都体现出 人机优势互补：AI负责即时提供信息和执行标准流程，人类工作人员则提供个性化的关怀和判断。当AI解决了常规问题后，人类可以将时间花在更棘手、更有价值的客户需求上。例如，一位运营商的客户抱怨网络时好时坏且多次维修无果，情绪激动。AI客服或许无法完全平息他的怒火，但训练有素的人工客服可以在AI提供的历史记录基础上，理解他的挫败，耐心安慰并给予额外的补偿方案。这种灵活应变和情绪管理正是人类所长，而AI确保了代表拥有充分的信息和建议来做决定。

现实案例显示，"AI+人工"的客服模式成效显著。据Medium近期的一篇案例分析介绍，某科技公司的客户支持团队引入AI分流和辅助后，问题解决时间减少了40%，客户满意度明显上升，更有意思的是，员工的工作满意度也提高了。因为当AI承担了繁琐部分，员工觉得自己的工作更有意义——专注解决疑难、与客户建立联系，而不是像机器人一样机械回答重复问题。长远来看，AI可能会处理越来越多简单咨询，但人工坐席永远不会消失。相反，他们将朝着顾问型客服发展，处理复杂问题、维系客户关系，成为公司与客户之间至关重要的情感纽带。

当然，客服领域的人机协作也需要精心设计。公司必须确保当AI无力解决时，客户能方便地转接到真人，并且AI要将上下文信息传递好，以避免客户重复叙述的问题。同时，需要持续训练AI的对话能力，防止出现理解偏差或不当回应。另外，对于AI无法判断的模棱两可情况，应设置清晰的人工介入机制。这实际上考验企业对工作流的优化能力：哪些任务AI擅长，哪些必须人工处理，要不断总结调整。当协作机制完善后，团队将具备极强的韧性：AI越战越勇，员工越做越精，两者共同创造卓越的客户体验。

思考：未来，随着对话式AI能力日趋增强，我们是否会愿意让AI处理更复杂、更情感化的服务请求？在机器越来越"懂你"的同时，如何确保客户不觉得服务缺少人情味？客服人员又该如何定位自我，在AI时代为顾客提供不可或缺的价值？

创意行业：人机共创释放创造力

在艺术、设计、媒体等需要创造力的领域，人工智能近年扮演了一个有趣的角色：它既不是竞争者，也不像在其他行业那样当辅助工具那么简单，更像是灵感缪斯或共创伙伴。许多艺术家和创意工作者发现，AI可以激发出全新的创意火花，拓宽了人类想象的边界，同时又必须由人类来赋予最终的审美判断和意义。

音乐创作就是一个典型例子。一位英国作曲家使用AI模型来生成曲调素材——只要给出风格或情绪关键词，AI就能迅速生成若干旋律片段供他挑选。于是这位作曲家在很短时间内就能获得远超以往数量的灵感素材。接下来，他会对AI给出的曲调加以筛选、修改、拼接，融入自己的情感和创意，将其打磨成一首完整的乐曲。AI的出现使他的创作过程变得"玩味十足"，可以在短时间内尝试许多以前不会想到的音乐思路。最终作品中，也许有某段旋律是AI原创的，但整首曲子的风格和灵魂依然属于作曲家自己。正如康德所言，"天才是制定规则然后打破规则的能力"——AI可以提供模式和规则的建议，但只有人类艺术家才能决定何时逾矩、何时颠覆。最佳成果往往诞生于人机的"对话"而非机器的独奏——在你来我往的创意碰撞中产生新的火花。

视觉艺术方面，AI同样大展身手。从著名的"下一幅伦勃朗"项目（AI根据伦勃朗画作风格生成了一幅以假乱真的新画）到插画师们利用Midjourney、DALL·E等生成模型构思画面，AI正在成为画板上的一把新画笔。一些插画师先用AI快速生成概念图，然后在此基础上进行细致的人工描绘。这样既节省了大量起稿时间，又能确保最终作品符合艺术家的独特风格和高品质要求。还有的设计师用AI产生各种方案的初稿，在其中挑选最有潜力的方向再亲自完善，从而探索更多可能。这一切都表明，AI为创意过程扩容了：以前也许一个想法不容易实现，但现在AI可以迅速提供可视化的雏形供参考；以前因为时间或成本限制无法尝试的大胆创意，现在可以用AI模拟试验一番。创意工作者因此拥有了更大的"沙盒"来尽情试错和发挥。

然而，创意的灵感之火终究要靠人来点燃。AI给出的建议往往基于既有风格和数据，它可以组合模仿，却很难超越过去、创造真正前所未有的东西。这就需要人类的原创性来引领。Medium的一篇报道如此总结："AI可以丰富创作者的调色板，但那道原创的火花仍然源自人类"。当AI给出了十种相似的解决方案，伟大的设计师也许会选择第十一种完全不同的方案；当AI谱出悦耳动听却平淡无奇的旋律，天才的音乐家会加入一个出人意料的和弦让作品瞬间升华。真正打动人心的艺术，依旧需要人性的介入。

另外，在创意领域使用AI也引发一些从业者的担忧。例如，有的营销文案写手担心过度依赖AI生成初稿会让自己的文字功底退化、创造力变钝。这提醒我们，人机共创需要拿捏好度：既要充分利用AI提供的便利，又不能让自己变成AI的机械执行者。正如一位设计师所言："当我听到同行对AI持怀疑态度，我会问，'你真的花时间去学这些工具了吗？'就像当初学Photoshop一样，我们一开始也并非本能就会用"。拥抱AI，需要保持对新工具的好奇和学习精神，同时坚持自我的创造性思考。或许未来的艺术家既懂作曲、绘画，也懂如何与AI协同，让作品达到更高维度的表达。

思考：当AI可以生成音乐、美术、文章甚至电影剧本的一部分，我们是否会认为这是创意的"捷径"？创意工作者如何确保自己在借助AI的同时，不丢失个人风格与灵魂？人类独有的艺术敏感和情感深度，又将如何在与AI的共创中继续发扬光大？

学者视角：技术、就业与未来的抉择

面对人工智能对职业的深刻影响，许多知名学者、未来学家和经济学家都提出了各自的洞见、警示与愿景。从他们的观点中，我们可以更清晰地看到宏观趋势和应对路径。

麻省理工学院的埃里克·布林约尔松和安德鲁·麦卡菲这对搭档，被誉为"第二次机器时代"的思想者。他们指出，AI带来的最大变化不在于简单地取代某些工作者，而在于重新定义工作本身。麦卡菲强调，工作是由许多具体任务组成的，AI可能擅长其中一部分任务，但这不等于整个职业就消失。相反，我们应该思考如何将AI擅长的任务交给机器，让人类腾出手来去做机器不擅长的部分。布林约尔松进一步提出了"增效（augmentation）"的概念，主张让AI作为工具去增强人类的能力，而非简单追求"仿真人"的人工智能。如果过度沉迷于让机器完全模仿或替代人类（即他所说的陷入"图灵陷阱"），可能导致劳动者边缘化、收益分配失衡等一系列社会问题。因此，他们寄望于一种"人机协同的生产力革命"，在这种模式下，技术进步不仅带来效率提升，也创造出更多新职业和机会，使劳动力得以分享技术红利。这一观点与他们在MIT的"未来工作"研究项目中提出的方向一致：鼓励开发"以人为本"的AI应用，通过政策和教育引导技术朝着补强人类而非替代人类的方向发展。

另一位重量级经济学家，达龙·阿西莫格鲁，对当前AI发展中的隐忧发出了尖锐的提醒。他警告我们正走在一个分岔路口：一条路是"错误的AI路径"，即企业过度追求用AI减少劳动力（他和合作者称之为"糟糕的自动化"或"无效的自动化"，即 So-so Automation），这种做法短期内降低成本，但未必提升生产率，长远看会扼杀就业、拉低工资。他举例说，呼叫中心使用的自动语音系统并不一定比真人更高效，但公司因为省下人力成本就采用了，结果客户体验不好、就业也减少。另一条路则是"亲人类的AI路径",开发能提高人类工作者技能和效率的AI工具（他们称之为"机器有用性"）。例如AI为生物学家提供全新洞见，帮助他们更快研发新药；或者AI为教师提供个性化教学方案，提高整体教学效果。这些应用不仅不会让人失业，反而增加了对高技能工作的需求，推动经济更广泛地增长。在他和西蒙·约翰逊合著的新书《权力与进步》中，两位作者追溯了技术变革史上类似的教训：技术本可以造福大众，但若由少数精英按自身利益导向发展，可能导致多数人受损。因此，阿西莫格鲁呼吁制定"以人为本的AI议程"——政府、社会和科技行业应合作引导AI用于赋能劳工、创造新职业，而不是一味追求劳动替代和利润最大化，否则我们可能落入一个"最坏的世界"：AI并未带来奇迹般的高产出，却带来了大规模的劳动替代、信息操纵和社会不公。

对于这些挑战，也有学者提出了建设性的解决思路。麻省理工学院的另一位教授大卫·奥特尔以研究自动化与就业动态著称。他提出了"就业轮换（job rotation）"和"任务迁移（task displacement and reinstatement）"理论，即技术进步往往先淘汰某些任务，但也会在新的领域创造出对人类的新任务需求。例如自动化减少了工厂装配线上的简单操作工，但催生了更多机器维护、质量控制等岗位。Autor著名的问题："为什么在自动化浪潮下还有那么多工作？"答案之一就是新任务的涌现。关键在于教育和培训，帮助劳动力及时掌握这些新出现的技能需求。Autor等人也强调提高"非认知技能"的重要性，如沟通能力、团队合作、创造性思维等，因为这些是未来工作中机器难以取代的。正如汤森路透《2025未来就业报告》指出的，未来几年雇主最重视的技能增长领域正是"AI和大数据"相关技能，以及人际互动和软技能的结合。

展望AI与职业的未来图景，许多未来学家也给出了不同的愿景。有人担心，如果不加干预，可能出现一个"双峰"社会：高技能人才与AI协作如虎添翼，薪资和创造力迸发；低技能劳工却因为任务被自动化吞噬而陷入困境。这提醒我们需要采取社会政策确保转型的公平，比如通过税收和激励鼓励企业走"增强人而非替代人"的技术路线，建立终身学习体系帮助工人转岗升级，以及加强社会保障渡过转型期的阵痛。也有人抱着较为乐观的态度，比如《与机器人赛跑》一书的作者之一布林约尔松就曾表示，如果我们正确引导AI用于生产率提升和新产业创造，人类工作将会更加有意义，我们将从繁重劳动中解放出来，从事更多创意和关怀性质的工作。许多乐观者将AI比作19世纪的电力革命：短期内可能对某些职业带来冲击，但长期看会催生出我们今日难以想象的新职业形态。

总而言之，学者们的共识在于：AI的影响并非宿命，我们有能力塑造技术发展的方向。政策选择、企业决策以及公众观念都会影响AI如何融入工作世界。我们完全可以选择一个"双赢"的未来——AI让工作变得更安全高效，人类则通过不断学习掌握新任务，职业得以升级而非终结。也正因如此，理解这些思想对于我们把握未来尤为重要。思考：站在历史的十字路口，我们该如何确保AI的发展走上一条"增强而非替代""赋能而非剥夺"的道路？面对学者们提出的机遇与风险，我们这一代决策者、从业者和学习者能做些什么，将AI时代变成劳动者和技术共同繁荣的时代？

拥抱人机协作的未来

当我们回顾上述各个领域的案例，不难发现一个共同点：人工智能最有力量的表现并非让人类退出舞台，而是与人类携手，共创出1+1大于2的成果。从工厂里的机器人助手到诊室中的AI诊断助手，再到课堂上的个性化教学系统，人机协作正在成为新常态。成功的关键在于找准人和机器各自的优势，让双方都能"各司其职"，发挥所长。当角色划分清晰、互信建立、反馈机制完善时，人机团队往往能够达到单方面无法企及的高度。

当然，通往这一未来的道路并不平坦。我们需要克服对未知的恐惧，警惕对技术的盲目崇拜，坚持以人文和伦理为指南来应用AI技术。正如开篇所言，问题从来不只是"AI会取代多少工作"，而更应是"我们如何重新定义工作，让AI与人各展所长"。在这个过程中，我们每个人——无论是政策制定者、企业领袖，还是一线员工、教育者——都扮演着重要角色。

有人说，未来的工作属于懂得与机器合作的人。或许真正属于我们的，是一个"超级同事"时代：AI成为每个人的超级同事，帮我们完成繁琐事务、提供科学分析，我们则成为AI的超级同事，赋予它人性的指导、创造的灵感。届时，工作的意义将被重新诠释：不再只是谋生手段，更是人与智能体共同创造社会价值的旅程。

当人类与AI携手，我们完全有理由对未来保持审慎的乐观。是的，转型期会有挑战、有阵痛，但历史一再证明，人类具有非凡的适应力和创造力。一位未来学家曾提出这样的问题："真正考验我们的，不是机器能否思考，而是我们能否学会像对待亲密同事一样与机器共事。"这是对我们每个人的发问。站在AI时代的门槛，我们准备好迎接这样一个未来了吗？我们是否已经在心态与能力上做好准备，去拥抱一个人机共生、共同成长的职业新世界？

最后，不妨留给各位读者一个思考：当AI渗透进几乎所有行业，我们将如何重新定义"劳动"与"价值"？在人机协作的时代，你希望自己的角色是什么，又将如何充分发挥作为人的独特优势？相信这个问题的答案，将由我们每个人共同书写。未来已来，人机携手，值得期待。

4

第四章 数字迁徙时代：
国家退潮，城邦崛起

"未来的工作不取决于你在哪里，而取决于你能做什么。"

— 萨提亚·纳德拉 (SATYA NADELLA，微软 CEO)

数字迁徙：突破地理的迁移革命

"**互**联网和AI催生了前所未有的'数字迁徙'现象。人类历史上第一次，大批人可以'身在一个国家，工作在另一个国家，生活在虚拟社区'。"这句话在当今已不再是夸张的比喻，而是数以百万计数字游民（Digital Nomads）的真实生活写照。知识工作者通过远程办公为全球公司服务，创业者在线上集资并招募世界各地团队共同创造价值。地理的束缚正被技术打破：才华和资本可以随网络信号自由流动。以往一个人的出生地几乎决定了他的职业机会和社交圈；而如今数字技术打开了迁徙的新大门——身处孟买的程序员可以为硅谷初创企业写代码，偏远小镇的设计师可以在网上承接来自东京或伦敦的项目。这是一场迁移革命，但迁移的不再是人的肉身，而是人的才智和工作。有人形象地称其为"VPN上的移民"：通过网络，个人"跨越"国界参与异地的经济生活。

这种数字迁徙在近年呈爆炸式增长。新冠疫情催化了远程工作的普及，到2023年全球有超过5千万人成为数字游民。据调查，仅在美国就有1,730万劳动者自我认同为数字游民，比疫情前的2019年增长了131%。各国政府也开始顺应这一趋势：截至2023年，全球已有50多个国家推出专门的"数字游民签证"或远程工作签证，吸引这类"身在他国、在线工作"的新移民。例如，巴西、泰国、克罗地亚等纷纷开放政策，新加坡和阿联酋更提供长期居留选项，而一向签证严格的日本也传出将在政策上破冰，开发自己的远程工作签证。地理疆界对高技能人才的约束力正在减弱：他们可以随时"用脚投票"选择最佳工作地点，甚至同时为多个国家的雇主效力。

"数字迁徙"不仅体现在就业形式，更孕育出虚拟社区和网络社会。当人们花大量时间生活在网络社区，与来自全球的志同道合者交流协作，这些虚拟共同体对人的影响力可能不亚于现实国家。许多人深度参与线上兴趣小组、开源项目或元宇宙世界，在那里找到归属感和身份认同。正如有人戏称："Facebook的用户比许多国家的人口还多"，大型社交平台俨然成了新的"数字国度"。个人的身份认同正在突破地理国界——当你的朋友圈和同事遍布世界各地，你对某线上社群或平台的归属感，可能超过对出生地国家的认同。这意味着我们正在见证一种新型迁徙：人的居所与身份正部分从地理空间转移到数字空间。信息流动和虚拟社群几乎无视物理国境线，这对传统以领土为基础的国家是前所未有的挑战。

传统国家的光环渐褪

随着数字迁徙和全球流动的兴起，传统民族国家作为唯一权威的光环正在褪去。过去几个世纪里，民族国家是无可置疑的主角——国家主权高悬，每个人的身份归属和生存保障几乎完全仰赖国家。但在数字时代，国家在诸多领域的垄断力面临退潮。一方面，高技能人才和财富如今可以更自由地"用脚投票"，逃向制度更优越、机遇更多的地区：一旦某国政策环境不利，企业和专业人士能够远程为外地工作甚至直接移居海外，削弱了国家对精英人力和资本的控制。例如2023年有创纪录的12万富豪迁出原籍国，2024年预计将达12.8万人。这些高净值人士利用"投资移民"等手段获取第二公民身份，"跨国生活"已成新常态。另一方面，互联网提供了情感与文化归属的新载体：许多人对线上社区的认同甚至超过对国家的认同，尤其年轻一代往往自视为"全球公民"或某兴趣群体的成员，而非局限于单一国籍。国家不再是不可替代的唯一身份提供者。

数据能够说明这一趋势。全球跨国移民人数在持续攀升：根据联合国统计，2024年全球国际移民存量已达约3.04亿人，几乎是1990年的两倍。这相当于全世界3.7%的人口都生活在自己出生国之外，若把国际移民集合看作一个"国家"，规模可跻身全球前四。与此同时，"双重国籍""黄金签证"等制度日益普及，拥有多重身份变得寻常。今天有数亿人持有含金量极高的护照，凭借免签便利自由穿行于数百个城市。例如欧盟护照、美国护照持有人合计已过亿，他们可以免签前往100多个国家旅行、工作。这些现象从制度上松动了个人对单一国家的终身绑定观念。

不仅人的流动在增加，传统国家对民众的心理凝聚力也在下降。权威机构的信任度出现反转：2023年埃德尔曼信任晴雨表显示，全球平均仅有51%的人信任本国政府，相比之下有62%的人信任企业。政府不再被视为唯一可靠的依靠，人们转而寄望于城市、企业或国际网络来满足需求。在经济机会、社会身份等方面，国家不再拥有过去那样的垄断优势。相反，一些跨国城市的影响力正愈发凸显：纽约、旧金山湾区、伦敦、深圳等"全球超级城市"的经济总量和创新能力相当于中等国家，在全球事务中的话语权甚至不亚于一些主权国家。这些城市通常拥有比国内其他地区更大的自治权限，制定特殊政策来吸引人才和投资，形成了"城优于国"的局面。同样，大型跨国公司在某些方面具备"类政府"性质——它们拥有数亿用户和员工，自行制定平台规则（如社交媒体的社区准则）甚至提供准公共服务。一些科技巨头开始涉足传统由政府承担的职能：提供支付系统、医疗保险、交通服务，甚至在企业园区内建立起住房、班车、诊所，一个大企业俨然一座"小型公司城邦"。当人们发现除了国家，还有城市和公司可以选择依附时，"国家光环"便不再耀眼。国家曾经笼罩的唯一性荣光正在褪去——个人可以多元选择工作地点和社群归属，国家对于很多人来说已非不可替代的选项。

主权个人的崛起

在此背景下，一个引人注目的理念正在兴起："主权个人"。所谓主权个人，指的是个人相较以往拥有更强自主性和谈判能力，可以在一定程度上像国家那样掌控自己的命运。技术赋予个人在全球范围选择生活和发展的自由：你可以成为数字游民，拿着美国的薪水旅居东南亚；你可以在线加入志同道合者的加密自治组织（DAO），共同制定规则、管理社区资产。这些新时代的个人不再完全依赖出生国提供保障——他们有技能、有资产，可以用"用脚投票"的方式寻找最适合自己的社会。正如1997年出版的著作《主权个人》所预言：数字技术将大幅削弱传统国家权力，赋予个人前所未有的自主权。如今这一预言正部分变为现实：懂得利用新技术保护财富和自由的人，正在成为新时代的"新贵族"。高净值人群中持有第二公民身份者的比例持续上升，葡萄牙、马耳他等国推出的"黄金签证"项目吸引全球投资者成为居民。据统计，2023年富豪移民已创历史新高，预计128,000位百万富翁将在今年迁移至新的国家，超过去年的12万纪录。越来越多的富人与专业人才通过投资入籍、税务规划和全球资产配置，实现了跨国家、多身份的生活方式。

技术的力量更放大了主权个人的崛起。区块链和数字货币让个人掌控财富的能力前所未有地增强——截至2024年全球约有5.6亿人持有加密货币，占世界人口6.8%，不受传统银行体系限制。他们可以绕开资本管制，在全球范围内自由转移资金和价值，这很大程度上削弱了各国央行对货币的垄断权力。【人工智能】则充当个人的"能力倍增器"：2023年，"ChatGPT"这样的AI工具在短短两个月内就累积了一亿用户，成为史上用户增长最快的消费级应用。如今普通个人借助AI就能完成过去需要大型组织才能完成的工作——撰写商业计划、生成软件代码、翻译多国语言甚至创造娱乐内容。这意味着个人具备了以前只有国家或大公司才拥有的生产力和影响力。数字身份和去中心化ID（DID）技术同样赋能个体：通过区块链的自我主权身份系统，一个人可以掌控自身的认证数据，而无需完全依赖政府签发的身份证件。例如万维网联盟（W3C）在2022年通过了去中心化身份标准，让个人可以通过加密技术证明"我就是我"，而无须每次都经过国家数据库的验证。当你的学历证明、医疗档案等都由你自己持有的加密凭证来证明时，你对国家作为"信任中介"的依赖就降低了。

"DAO"（去中心化自治组织）的兴起进一步说明个人可以自发组织替代某些国家职能。DAO是一种基于区块链的虚拟社区，由代币持有者共同投票治理。近年来DAO数量和规模激增：截至2023年初，全球已存在约1.1万个DAO，较前一年增长三倍；各类DAO的治理代币持有者超过690万人。这些DAO覆盖从投资、公益到虚拟世界建设等诸多领域，例如"宪法DAO"曾在2021年募集数千万美元竞拍美国宪法副本，"乌克兰DAO"在2022年筹款支援乌克兰的人道和军备需求。人们只需通过购买或赚取代币即可加入DAO，无需官方许可。这表明虚拟社区正成为一种新型"治理单元"，个人可以在其中实现协作和目标，部分替代过去只有国家才能提供的组织动员功能。

当然，目前成为完全"主权"的个人仍只是少数精英的现实——具有全球流动能力、技术技能和资产的人群走在前列。但这代表了一个方向：未来越来越多普通人也许可以选择自己的"治理单位"，而非被动接受出生地国家的安排。当教育、就业、社交网络都全球化以后，一个普通白领也可能拥有多国居留身份、远程为海外公司工作，并加入几个线上社区参与决策。主权个人时代的曙光已经出现：个人从国家手中正夺回一些主权，这一趋势伴随着国家的相对退潮而不可逆转地向前发展。

城市与公司：新兴治理单元

当国家的凝聚力和管控力减弱，谁来填补空出来的治理空间？答案是城市和公司正在扮演越来越重要的角色，成为新兴的治理单元。全球范围内，超大型都市正在崛起为经济文化重镇。纽约、旧金山湾区、东京、上海、深圳等"全球城市"，其经济总量和创新能力往往相当于一个中等国家，甚至更高。在外交、贸易、气候等议题上，许多城市不再等待国家层面的行动，而是直接参与国际合作。例如全球近百个城市组成了C40气候联盟，携手应对气候变化；又如都柏林、迪拜等城市通过本地优惠政策迅速成为区域经济中心，证明城市若拥有足够自主权，可以比国家更灵活地顺应时代需求。可以说21世纪的竞争在某种程度上是城市群之间的竞争，而非国家整体的竞争。正如有学者指出："城市将取代国家，成为全球化时代最重要的地缘单位"。

与此同时，大型跨国公司也在承担准治理功能。一些科技巨头拥有覆盖全球的用户群，自行订立并执行规则，例如社交媒体平台制定内容审核标准，相当于治理一个跨国"数字社区"。公司对员工和用户的影响力在某些方面甚至超过政府：Facebook的社区准则或Google搜索算法的调整，都会直接影响数亿人的信息获取和言论空间。此外，这些公司还提供大量过去由政府提供的公共产品：谷歌地图、微信支付、亚马逊云服务……几乎成了现代生活基础设施。在一些"公司城邦"里（如美国的公司园区、印度的IT园区），企业承担了员工生活的大部分支持，包括住房、医疗、教育补贴等。一个典型案例是美国硅谷的大型科技公司，它们为员工建造住房社区、班车系统和诊所，形成了自给自足的公司小镇。这说明，在国家之外，新兴的多元治理主体正在兴起：未来城市—企业—社区将形成混合治理格局，部分取代过去单一的国家主导模式。

城市方面，世界各地纷纷涌现出吸引数字人才和创新产业的案例。在亚洲，首尔和东京等超大城市依托其先进的数字基础设施和创新生态，正成为技术人才的向往之地。首尔构建了全球领先的5G网络和智慧城市平台，政府推出创业签证和外籍远程工作者激励，提升了城市对数字工作者的友好度。据世界经济论坛统计，韩国在远程工作环境质量上进入全球前十。东京则利用其安全、便利和丰富的文化吸引海外自由职业者，许多国际远程团队选择在东京设立协作基地。拉丁美洲的麦德林（Medellín）是数字迁徙时代的传奇案例：这座曾经因治安问题闻名的哥伦比亚城市，通过创业扶持和智慧城市建设成功转型为创新高地。如今麦德林拥有众多联合办公空间、创业加速器和科技园区，被誉为拉美的"数字游民天堂"之一。2022年哥伦比亚政府更推出数字游民签证，吸引各国远程工作者前来中长期居住。涌入的外国远程工作者带来了经济机遇，也推动当地高端租赁和服务业兴起——麦德林高档社区Laureles

的房租因大量"背包程序员"的到来而上涨，有的公寓月租飙升至1,300美元，是当地人均收入的数倍。在东欧，爱沙尼亚首都塔林因率先实行电子居民计划（e-Residency）而闻名，全球已有超过10万"电子居民"注册在爱沙尼亚远程创业，经商无需亲临当地。同时，格鲁吉亚的第比利斯、克罗地亚的扎格雷布等城市也通过提供数字游民签证、减税和技术园区，吸引了成千上万的技术自由职业者。这些案例说明，哪怕在传统国家体制内，城市仍有相当空间通过灵活政策成为数字时代的"机遇绿洲"。

公司方面，一些科技企业甚至尝试创建自治的社区或城市单元，以突破现有政府的掣肘。硅谷的企业家们提出过各种"自治城市"倡议：比如2011年的Blueseed计划试图把一艘邮轮改造成停泊在美国公海外的创业社区，让来自各国的程序员不需要美国签证就能在距硅谷几十公里的海上办公。这一大胆的海上城邦设想虽因融资困难暂未实现（Blueseed在2013年搁置，2020年转型为孵化器），但它体现了科技界对新型自治空间的渴望。同样，由Paypal创始人彼得·蒂尔支持的"海上家园"（Seasteading）运动曾在南太平洋寻求建立享有自治权的漂浮城市。美国内华达州在2021年出现了"创新区"提案：区块链公司Blockchains LLC购买了17万英亩土地，计划建设一座完全由公司治理的智慧之城，并向州议会申请相当于"成立新县"的权限。当时的内华达州州长在国情咨文中公开支持这一设想，认为可将其作为区块链技术的现实试验场。然而该计划遭遇了巨大阻力：地方政府担心主权旁落，环保人士反对项目调水方案，普通民众质疑这会成为"富人圈地"。最终，Blockchains的智慧城因为水资源和政治障碍而搁浅。即便在科技高度发达、资本雄厚的硅谷，真正建立"公司治城"的尝试也步履维艰。

以上种种，说明城市与公司作为新治理单元虽潜力巨大，但也面临挑战。城市要取得更大自主，需要国家下放权力和法制保障；公司要扮演公共角色，则需赢得社会信任并避免与政府对立。当前的趋势是：国家日渐退居次要，城市和跨国公司挺身而出，形成协作竞争的多元格局。在这个过渡时期，一些试验难免有成有败。例如，韩国斥巨资建设的世宗新行政首都原希望纾解首尔过度集中，但由于政治更迭和公务员抗拒，许多部会迟迟未搬，导致行政效率降低、半空办公楼林立，一度被媒体批评为"失败的计划城市"。再如洪都拉斯曾寄望于ZEDE特区（就业和经济发展专区）吸引外资，赋予私营特区高度自治权，诞生了"罗丹岛

Prospera"等宪章城邦雏形。然而当地民众强烈反弹，认为ZEDE出卖主权、法外生长。2022年新任总统卡斯特罗上台后三个月，洪都拉斯国会即一致表决废除了ZEDE法，宣布要"归还国家主权"。曾被视为大胆城邦实验的Prospera霎时陷入法律真空，其未来悬而未决。这些经验表明：无论是城市突破还是公司建城，都需要与现有国家博弈平衡。治理创新固然可贵，但若缺乏公众支持与法律认可，往往难以为继。在国家退潮的大势下，如何让城市、企业的新权力源于正当程序、服务公共利益，将是人类社会下一步必须解决的课题。

超级城邦的曙光

个人、城市、企业都在争取更大自主权和灵活性，我们已经看到一种类似古代城邦的新秩序正在萌芽。所谓"超级城邦"，指高度自治的城市或社区单元，它们集合了人才、资本和技术，具备自我治理并参与全球协作的能力。这有点像古希腊的雅典、斯巴达或意大利文艺复兴时期的威尼斯、佛罗伦萨——城市本身作为主权实体参与国际事务。不同之处在于，21世纪的城邦建立在先进科技和全球网络基础上，是规模更大、影响更广的"超级城邦"。历史上的城邦往往国土狭小、人口有限，例如古典雅典城邦人口大约仅30万（公民不足5万）；文艺复兴时期的威尼斯由几百个贵族寡头统治，领土也只是一座潟湖城市。而现代超级城邦如新加坡，人口超过560万，经济实力位居世界前列，人均GDP甚至达到西欧平均的两倍。古代城邦林立时彼此征战不休，而当代城邦崛起则受益于相对和平的国际环境和全球贸易体系，可在不涉入战争的情况下取得繁荣。换言之，我们正站在历史类比的关口：城市再次成为主角，但这一次它们拥有前所未有的科技力量和全球视野。

近代史也提供了宝贵的类比和启示。19世纪的殖民自由港和20世纪的特区城市，堪称现代城邦的预演：例如香港和新加坡，本是大英帝国在亚洲的殖民通商口岸，却凭借自由贸易和法治治理，在短短几十年内跃升为全球最富裕的城市经济体。香港在1961-1997年间GDP增长了180倍，人均GDP提高了87倍；新加坡1965年独立时人均收入不过五百美元，如今其GDP per capita按购买力已超过8万美元，跻身全球最富裕国家之列。这些城市的崛起昭示：只要有良好治理和开放环境，小地缘单元也能创造大奇迹。新加坡和香港的成功经验包括低税率、营商便利、国际化教育体系等，为当代建设"城邦式"特区提供了范本。再如阿联酋的迪拜，在1970年代还是沙漠小镇，借鉴自由港模式大胆改革，引入外资、建立金融中心，短时间内成为中东的经济科技中心。迪拜拥有自己的自由贸易区、独立商法体系和开放的营商环境，与周边传统国家形成鲜明对比，也被学者称为"现代城邦"。正是看到这些成功案例，今日许多国家纷纷设立经济特区、科技城，希冀复刻"小政府、高增长"的城邦传奇。

种种迹象表明，21世纪可能出现新的全球治理拼图：大小"城邦"林立，它们灵活竞争又开放合作，共同取代传统大一统国家成为人类社会的基本单元。想象一个场景：若干年后，全球涌现出上百个高度自治的超级城市和虚拟城邦，每个城邦都有独特的治理模式和文化价值观。个人可以自由选择加入哪个城市或网络社区成为"公民"，正如今天选择公司或社交平台一样。如果某城邦治理不善，人们将用脚投票离开，从而促使各治理单元良性竞争，不断改进服务。届时，"城邦崛起"不再是科幻，而将成为文明演进的下一步。我们已经看到国家形态正从单一中央集权向多中心网络演变，一个超级城邦的时代或已悄然开启。

本章展示了技术如何削弱地理限制、个人和城市力量如何增强，由此传统国家范式走向变革。当AI与数字化构建新的自由秩序，我们每个人都可能成为"用脚投票"的主权个人，每座城市都有机会成为创新治理的城邦。在未来时代的曙光下，我们将重新定义何为归属、何为公民权、何为治理的最佳规模。可以预见，人类社会的组织原则将被重构：从国家中心转向个人中心，从版图疆界转向网络节点。未来已露曙光，让我们拭目以待超级城邦崛起如何重塑全球格局。下一章将更深入描绘"主权个人时代"的蓝图：当个人和城邦接过权力接力棒，世界将面临怎样的机遇与挑战？我们每个人又将如何在这场巨变中定位自己？(章末思考：如果未来可以自由选择加入一个城市而非只拥有出生国身份，你会考虑吗？当越来越多城市提供差异化选项——低税赋、完善福利、开放文化——你最看重什么？当城邦时代到来，你准备好成为推动变革的一分子了吗？)。

5

第五章 主权个人时代：AI构建自由新秩序

"互联网正在成为未来全球村的市中心。"

—— 比尔·盖茨（BILL GATES）

主权个人理念的全球实践

"主权个人"是一种将个人置于社会和治理体系中心的位置的理念，强调个人拥有前所未有的自主权和选择权。在这种新秩序中，公民身份不再由出生地决定，每个人都可以自主选择加入最契合自己价值观和生活方式的城市、社区，甚至"网络国家"。各城市或城邦如同服务提供商，努力提供更好的教育、医疗、安全和自由环境，以吸引人才公民；如果治理不善，人们可以"用脚投票"离开，从而形成良性竞争。这一理念需要相应的制度创新支撑，例如承认多重国籍、建立全球电子公民体系等，让个人无需迁居实体国土就能获得某城市或社区的公民身份。事实上，这些变革的端倪已在世界各地出现：许多国家和地区正在实践数字身份、数字货币、自主资产托管、去中心化治理，以及支持全球流动性的政策。下面我们将通过丰富的案例与数据，深入剖析"主权个人"理念在不同国家和地区的落地情况。

～

◆ **数字身份：电子居民与自我主权身份**

数字身份是主权个人的基石之一，它使个人可以脱离单一国家实体，在全球范围内证明和管理自己的身份。爱沙尼亚是这方面的先驱。2014年爱沙尼亚推出全球首个"电子居民"（e-Residency）计划，让任何国家的人都能远程申请成为爱沙尼亚的电子居民，获取在该国开公司和办理事务的数字身份。截至2023年，全球已有超过10万名电子居民通过这一计划在爱沙尼亚注册公司，经商而无需亲临当地。这一数字身份计划极大降低了创业者跨国经营的门槛：通过安全的数字ID卡，电子居民可以在线注册公司、开设银行账户、报税签署文件。据统计，截止2023年底，爱沙尼亚电子居民计划吸引了来自180多个国家的约12万名申请者，共创办了超过20,000家爱沙尼亚公司，占该国每年新创公司的近五分之一。这不仅为电子居民提供了进入欧盟市场的平台，也为爱沙尼亚带来了丰厚的回报——电子居民企业在2023年为爱沙尼亚贡献了超过6400万欧元税收，使该计划的经济收益达到政府投入的10倍以上。

爱沙尼亚的成功正激励更多国家探索数字身份项目。乌克兰在2023年启动了电子居民计划，允许外国人在线开设乌克兰银行账户和公司，并对年利润低于21.2万美元的部分仅征收5%定额税。立陶宛则早在2021年推出了自己的电子 residency 计划，虽起步功能有限（目前仅可用于数字签名），但正逐步扩展，旨在与爱沙尼亚竞争数字创业者。一些国家虽然计划尚未落地，但已宣布意向：如葡萄牙和南非近年也提出将开发电子居民项目，以期吸引全球创新人才。甚至一些小国和微型国家也不甘落后：阿塞拜疆在2018年紧随爱沙尼亚成为全球第二个上线e-Residency的国家，入门费用仅50欧元且税率仅5%，尽管目前项目一度中止但有望重启；帕劳于2022年推出"数字居民"计划，提供NFT形式的数字身份证，持有者不仅可进行KYC验证，还可在帕劳远程开公司和银行账户（即将开放），享受非本地收入0%税率以及美国市场准入待遇。帕劳的电子身份证还可与区块链集成，在链上验证身份 —— 这是数字身份和加密技术结合的新尝试。此外，诞生于互联网的"虚拟国家"自由国度Liberland甚至发行自己的电子居住证和公民证（标价€100和€45,000），试图为认同其理念的人提供一个超主权的身份选择。

除了各国政府主导的电子身份项目，自我主权身份（Self-Sovereign Identity, SSI）理念也在兴起。自我主权身份指个人通过加密技术自行掌控身份资料和凭证的体系，不依赖单一中心机构。例如，万维网联盟（W3C）推出了去中心化标识符（DID）标准，允许在区块链等分布式网络上创建由个人掌控的身份标识和可验证凭证。目前欧盟正在推动的EIDAS 2.0框架和"欧洲数字身份钱包"（EUDI Wallet）即融入了SSI思想，让公民能够在手机钱包中存储各种官方证件并自主出示验证。据预测，到2025年全球约20%的数字ID将采用区块链等分布式账本技术，实现更高的安全性和用户控制权（相比2020年的5%显著提升）。一些地方政府也尝试了SSI应用，如西班牙加泰罗尼亚开发了基于区块链的自主数字身份"IdentiCAT"，赋予居民对个人数据的控制；加拿大不列颠哥伦比亚省推出了企业和执照的可验证凭证网络。这些实践都旨在让个人成为自己身份数据的主宰者：例如，当您需要向雇主证明学历时，可以通过SSI系统直接出示经学校签名的数字凭证，而无需第三方中介验证，从而保护隐私且防止造假。随着技术成熟，我们有望看到更多国家和机构采纳自我主权身份，为主权个人时代提供关键的身份保障基础。

～

◆ 数字货币与自主资产托管：去中心化金融崛起

数字货币和资产自主托管为主权个人提供了金融自主权。在传统体系下，个人的财富往往托管于银行等中央机构，政府和机构对资金流向具有较多控制。而以比特币为代表的加密货币和去中心化金融（DeFi）的兴起，使个人能够直接掌控财富，不受制于单一国家货币政策或银行限制。如今，全球有数亿人涉足加密资产领域，将其作为储值、支付或投资手段。例如，在高通胀国家，民众越来越多借助稳定币（锚定美元等的数字货币）来保护购买力或进行跨境汇款，这是一种底层草根的金融主权实践。

去中心化金融（DeFi）指构建在区块链上的各类金融服务应用，例如去中心化交易所、借贷平台、衍生品市场等。它们允许用户无需传统中介，就能自由兑换资产、获取贷款或赚取利息，任何人只要有网络连接和数字钱包即可参与。在2020-2021年的DeFi浪潮中，全球DeFi生态系统迅猛发展：到2021年末，各DeFi协议中锁定的总价值（TVL）一度超过1800亿美元。尽管之后加密市场波动导致TVL有所回调，但DeFi作为概念已被验证。以以太坊区块链为首的平台上涌现了大量创新项目，例如Uniswap提供无需中央机构的代币交易服务，Compound和Aave提供无需银行的借贷市场等。更重要的是，这些协议通常通过治理代币交由用户社区控制，收益也直接归参与者所有，从而真正实现了"代码即法律"的自治金融体系。根据统计，截至2023年底，全球已有数百万独立地址使用过DeFi应用。一些主流金融机构也开始关注DeFi：例如欧洲多国央行合作开展的"DeFi监管沙盒"试验，探索如何在保持去中心化属性的同时加强安全审查。

自主资产托管（Self-custody）是主权个人财务自由的另一要素，即个人自行保管数字资产私钥，而非依赖中心化交易所或银行保管。这一点在近年的事件中得到深刻体现。2022年末，全球第二大加密交易所FTX暴雷倒闭，导致用户数十亿美元资产无法提取，引发行业对中心化托管风险的警醒。大量用户开始将资金撤出交易所，转向自主管理的钱包。据报道，FTX事件后一周内，领先的硬件钱包厂商Ledger公司录得成立以来最高单日销售量，并在次日再次刷新纪录，竞争对手Trezor的周销售收入也激增了300%。Ledger首席执行官感叹道："加密圈那句老话'Not your keys, not your coins'（私钥不在你手里，币就不是真正属于你）从未像现在这样切中要害"。硬件冷钱包因为能将私钥离线存储，大幅降低黑客盗窃和机构挪用风险，正成为用户保障资产安全的首选。截至2022年末，Ledger已向全球消费者售出超过500万台设备，官方估计约占全球加密资产总市值的20%都由其设备来保护。这个数字表明相当比例的数字财富已由个人直接掌控在手中。

各国对于数字货币的态度不一，但一些案例显示数字货币正走向主流并赋权个人：例如萨尔瓦多在2021年成为全球首个将比特币定为法定货币的国家，鼓励全民拥有比特币钱包，以期脱离对美元的依赖；尼日利亚等国的年轻一代在遭遇本国货币贬值时，纷纷转向使用比特币和稳定币来进行储蓄和贸易。尽管政府管制和市场波动仍是挑战，但不可否认的是，个人金融主权的观念正在加强——人们希望资产不受资本管制，可以跨境自由转移，并对抗通胀和银行倒闭风险。这正是主权个人时代的题中之义：个人有能力通过技术手段保障自己的财富和交易自由。

～

◆ 去中心化治理：DAO在经济和社区中的应用

如果说数字身份和货币赋予个人在身份认同和财富上的自主权，那么去中心化自治组织（DAO）则为主权个人提供了一种全新的共同治理模式。DAO是一种通过智能合约和代币激励实现的组织形式，没有传统科层管理，由成员集体投票决策、自动执行规则。近年，大大小小的DAO如雨后春笋般涌现，涵盖投资、公益、科技研发、文化社群等各领域。这些DAO的探索证明：即使没有传统的公司/政府架构，人们也能通过网络协作完成复杂目标。

在虚拟经济领域，DAO已开始管理真实的经济资源。例如，知名稳定币协议MakerDAO由全球代币持有者投票治理，控制着价值数十亿美元的抵押资产及其利率政策；去中心化交易所Uniswap的社区决定平台参数和资金走向。甚至出现了自发组织起来购买实物资产的案例：2021年"ConstitutionDAO"在一周内众筹超过4000万美元，尝试竞拍美国宪法真迹，虽最终未得手但展现了DAO强大的号召力和执行力。另有Krause

House DAO旨在收购一家NBA篮球队，CityDAO在美国怀俄明州购买了一块土地并将其所有权切割为NFT，由持有人共同决定土地用途，模拟链上治理现实社区。这些创举标志着DAO正从纯数字世界走向实体经济：人们通过DAO筹集资金、投票决策、雇佣人员，开展与传统公司类似的活动，但组织形式更扁平、决策更透明。

不仅是在投资和资产管理，DAO理念也开始应用于社区管理和公益。例如，乌克兰DAO在俄乌战争爆发后成立，用NFT拍卖和加密捐款在几天内募得数百万美元支援乌克兰人民，资金使用由链上投票决定，展现了去中心化协作的速度和凝聚力。VitaDAO聚集全球志愿者和科学家，众筹资金资助长寿医学研究，其基金用途由成员提案表决。LexDAO汇集法律从业者，以DAO形式研究去中心化法律服务。许多DAO内部没有正式领导，仅靠规则和合约运行，却依然能有序推进项目。这背后体现的是对成员自主权和透明公平的尊重——每个参与者都有发声和投票权，重要信息全部链上公开、防止暗箱操作，从而建立起高信任度的协作环境。

各国政府也开始正视DAO的法律地位，为去中心化治理进入主流经济铺路。2021年美国怀俄明州率先通过法律，承认符合条件的DAO可以注册为有限责任公司（LLC），享受法人地位及有限责任保护。截至2023年3月，仅怀俄明州公司登记册中名称含"DAO"的实体已超过800家。随后田纳西州、佛蒙特州也出台了类似法规，允许DAO在当地合法成立运营。在小国马绍尔群岛，政府于2022年颁布《DAO法案》，正式承认DAO为法律实体，可在该国注册为盈利或非盈利的公司，并详细规定了DAO章程、智能合约应用等规则。马绍尔群岛财政部长表示此举是"承诺将国家的司法和资源投入去中心化世界"，认可DAO在区块链和更广泛经济中的独特地位。这些法律探索表明，传统制度正尝试与新型自治组织接轨，为DAO参与实体经济清除了部分障碍。随着法律明晰，未来DAO或能持有不动产、签订合同、雇佣员工，真正成为主权个人在经济活动中的新工具。

当然，目前DAO也面临不少挑战，如决策效率较低、参与率不足、法律适应性有限等。但无论如何，它为主权个人提供了在无中心权威的条件下实现群体协作的范式。正如一系列案例所示：人们可以在没有传统老板或政府的情况下，共同管理资金、资产或社区事务。这一点对于构建以个人为中心的新秩序至关重要——它展示了"自治共治"的可行性：每个成员都是平等的参与者，通过技术保障透明和公平，从而实现自治下的有效共治。DAO实验还处于早期，但其精神和经验将为未来更大规模的去中心化治理打下基础。

～

◆ **全球流动与数字游民经济**

技术的进步正在从根本上改变人类迁徙和工作的方式。过去，一个人受到其出生国和居住地的深刻限制，而在"数字迁徙"时代，地理疆界对高技能人才的束缚正日益减弱。大量数字游民（Digital Nomads）的出现便是明证：他们身处一国，在线为另一国工作，生活在全球虚拟社区中——真正实现了"身在X国、工作在Y国"的生活方式。据统计，2023年全球有超过5,000万人成为数字游民，仅美国就有1,730万劳动者自我认同为数字游民，比2019年疫情前激增了131%。新冠疫情催化了远程办公的普及，在2020-2021年间美国远程工作人口从不足5百万飙升至逾1,500万。而这一数字此后持续攀升，2023年美国数字游民数量已达1,730万，较上一年仍增长2%。全球范围内，"背着笔记本环游世界"正从少数极客的梦想变为数以千计人士的现实选择。

各国政府也开始顺应这一浪潮，争相出台吸引远程工作者的政策。截至2025年，全球已有超过50个国家和地区推出专门的"数字游民签证"或远程工作居留计划。这些签证通常允许外国的远程工作者在当地合法居住6个月至数年不等，并提供税收优惠或便利服务，以期他们在当地生活消费，带动经济而又不抢占本地就业。例如，巴西、泰国、克罗地亚等国都已开放一年期左右的数字游民签证；爱沙尼亚早在2020年就推出数字游民签证，是欧盟国家中的先行者；新加坡和阿联酋更提供多年期的远程工作居留许可；一向签证政策严格的日本也在讨论破冰，计划设立自己的远程工作签证。这些政策创新大大降低了跨国生活的门槛。以葡萄牙的马德拉岛为例，当地政府抓住机遇，创建了全球首个"数字游民村"——在Ponta do Sol提供免费办公空间、优惠住宿和社区活动，热情欢迎各国远程工作者。短短一年内，这个小村庄就吸引了数千名"创客"前来，闲置房产被激活，咖啡馆和商店生意兴隆，马德拉从欧洲边陲一跃成为数字游民圣地，证明了城市（地区）通过开放政策招徕全球人才可以焕发新的生机。又如哥伦比亚在2022年推出数字游民签证后，首都波哥大的联合办公空间和咖啡馆涌入大批外国程序员、设计师。当年的报道指出，旅游城市麦德林一些高档社区的房租因"背包程序员"蜂拥而至而明显上涨——有公寓月租涨至1300美元，相当于当地人均月收入的数倍。这固然带来某些民生挑战，但从宏观看，全球流动的远程工作者已成为新兴经济力量：他们为当地带来消费和国际视野，也促使地方改善基础设施和服务以迎合国际人才需求。

数字游民经济的兴起还催生了相关服务生态。各类针对远程工作者的协作平台、签证咨询、中介服务层出不穷。诸如Nomad List这样的社区网站汇总了全球适合数字游民的城市排名（考虑生活成本、网络、气候等），Remote.com等平台帮助企业雇佣跨国远程员工并处理合规与支付问题。连Airbnb等住宿平台都顺势调整策略，迎合长居需求。据Airbnb公布的数据，2021年下半年其平台上28晚以上的长租订单已占总预订夜数的20%，而超过一周的住宿占比达到一半。2022年持续这一趋势：Airbnb第三季度近五分之一的住房预订夜数是28天以上的长期居留。这表明越来越多劳动者选择边工作边长时间旅居不同城市，居所弹性前所未有。各地政府也察觉到了人才的"用脚投票"。一些城市开始主动推出优惠措施招揽远程工作者长期定居：比如西班牙瓦伦西亚和意大利某些村镇提供补贴以吸引远程工作者入住，美国一些州（如西弗吉尼亚）给迁入的远程员工发放奖金。迪拜则建立了完善的远程工作签证和国际学校配套，迅速成为高收入数字游民的热门落脚点之一。

总的来看，全球人才流动进入了一个前所未有的竞争时代。正如一位观察者所言："世界上最宝贵的资源是人。各国正在展开一场人才争夺战"。无论是通过线上数字身份（如爱沙尼亚）还是线下提供宜居环境（如迪拜、马德拉），各地都希望吸引那些能够创造价值的主权个体加入。对于有才华、有技能的个人来说，当今也是前所未有的黄金时代：工程师、创业者、科学家们从未像现在这样容易在全球范围内移动和获得支持。多重国籍和居留身份不再是特例，而将成为专业人士的新常态——不少数字游民手中持有两本以上护照或长期签证，以方便在不同国家之间切换生活和工作。这种"按需选择生活地"的自由，正是"主权个人"崛起的重要外在表现。出生地对命运的决定性在下降，个人有能力主动规划自己的全球路径。这一切预示着旧的以国别划分的格局正被打破，一个以个人和城市网络为中心的新格局正在成形。

AI作为主权个人的技术支撑

在一个个人可以自由选择身份归属、自由迁徙并自治协作的世界，高度发达的人工智能（AI）将成为关键支撑技术。当成千上万自主城邦并存、数亿个人跨地域流动时，如果仍完全依赖传统的人力治理手段（政府谈判、官僚行政），将难以协调如此复杂的网络。而AI凭借高速的信息处理和决策优化能力，可以帮助人类管理庞大复杂的协作体系，在保障个人自治的同时维系整体秩序。换言之，AI将充当主权个人时代的"智能粘合剂"和"自动执行者"，具体体现在以下几个方面：

∽

◆ AI与跨平台身份整合

主权个人往往在多个平台和社区中活动：他们也许同时是几个数字城邦的公民、拥有多国电子身份，在不同经济体中参与业务。如何统一认证和管理这些分散的身份、确保信誉和隐私？AI可以发挥重要作用。

首先，在数字身份认证方面，AI的人脸识别、指纹识别技术已日趋成熟，可用于高效、安全地验证个人身份，从而帮助不同平台实现互信。例如，一个人在爱沙尼亚获取了电子ID，又在某DAO社区建立了声誉，那么通过AI驱动的身份验证服务，可以快速证明"某人=持有特定ID和声誉"的事实，而不必向每个平台重复提交材料。AI还能通过分析用户在不同社交媒体、职业平台上的公开资料，自动为其生成跨平台声誉评分。一些初创公司正尝试利用机器学习模型汇总个人的信用、专业技能、合作评价等数据，形成去中心化的"信誉画像"。在保护隐私前提下，这种画像可供陌生人互相判断可信度，用于远程雇佣、P2P借贷等场景。这实际上为主权个人建立了一种无需中央背书的信用体系。

其次，在自我主权身份（DID/SSI）系统中，AI可以担任"身份助理"。SSI允许个人掌控自己的各种证书（学历、执照、医疗记录等），但管理众多凭证及出示给不同机构可能复杂繁琐。AI可以帮助用户自动分类管理这些凭证，并在需要时智能选择合适的信息最小化披露。例如，当需要证明年龄购酒时，AI助理可以从您的数字钱包中挑选出经过验证的年龄信息提供给商家，而不泄露姓名地址等无关信息。这种AI驱动的选择性披露既方便又保障隐私。在更复杂的身份场景下，AI还能动态监控身份使用，检测异常登录或交易并提醒用户，提高安全性。随着量子计算威胁传统加密签名，AI也被用于研究更强健的身份验证方式，如结合行为生物识别（打字节奏、步态等），以多模态AI模型确保"人即本人"。

~

◆ AI赋能自动治理与智能合约履行

当人类社会进入多中心自治的主权个人时代，大量治理事务需要自动化和智能化处理。AI在规则执行和协同治理上将发挥"自动协调者"的作用。

智能合约是运行在区块链上的自动执行代码，本身已可以在无人工介入下根据预设条件执行交易或操作。然而，许多现实世界条件的判断和输入仍需要依赖预言机（Oracles）从外界获取数据。如果将AI整合进智能合约框架，合约的执行将更为"智能化"。例如，一个跨城邦的资源共享协议可以由智能合约+AI共同驱动：AI实时监测各城邦的人口、税收和服务数据，根据约定算法计算出资源调配方案，然后由智能合约自动执行资金划拨或服务券发放。在前文提到的场景中，如果个人在A城邦受教育、成年后迁往B城邦工作，那么由AI系统根据两地协议和投入成本，自动计算A城邦政府应从B城邦获得的教育成本补偿，并通过智能合约在两地财政账户间清算。整个过程透明高效，无需冗长的官僚谈判。

又如，不同自治城市之间可能签订人员自由流动、公民权转换的协定。传统上，这涉及庞杂的身份验证、福利转移、人力审批。而AI可担任数字协约的执行官：当某人从城市A迁居城市B，AI自动验证其数字身份、检查其在A的社保缴纳情况，并触发智能合约将其累积的养老/医疗权益相应划转给B城邦，确保个人在新社区无缝衔接社会福利。同时AI还能检测异常，防范个别人试图多地申请福利欺诈等。这些曾需要中央政府或国际组织才能处理的跨区域公共事务，现在通过AI和区块链技术就能自动化透明地完成。它大幅降低了多中心秩序下的协调难度，让各自治单元能够在没有"世界政府"的情况下实现合作共赢。

自治组织的内部治理也将因AI更加高效。当前很多DAO需要成员耗费大量时间讨论、筛选提案，参与率有限。AI可以充当DAO的智能秘书和顾问：利用自然语言处理技术对海量讨论信息自动归纳要点，针对每个提案给出中立的利弊分析和影响预测，帮助成员更理性地决策。事实上，一些DAO已在试验让AI参与治理流程。例如，有社区使用AI对提案进行初步审核排序，过滤明显不符合社区章程的内容，或将相似提案智能合并。这既减轻了成员负担，也避免了人工管理的偏见。投票通过的决议，AI还可立即监督其执行：如基金调拨、代码更新，确保决策迅速转化为行动而不会被人为拖延。在非常大的网络社区中，AI甚至能模拟不同利益群体的反馈，提前发现潜在争议，从而扮演调停人的角色：在投票前提出折中方案，供人类参考决策。

总之，AI可以被嵌入主权个人时代的数字治理协议中，成为无形却高效的执行者和协调者。它不会取代人类的价值判断，但可以承担繁琐重复的流程和海量信息处理，让协作更自动化、更实时优化。正如有学者设想的，我们也许会拥有一个全球共享的AI治理网络，监测重大风险（如气候、疫情）并及时协调各自治社区行动。这类似于给人类社会安装一个智能"操作系统"，不同城邦作为节点接入其中，共享信息和协议，由AI实时调度资源，使整体运作既高效又无集中独裁。如此一来，我们在不建立世界性集权政府的情况下，也能应对全球性挑战，实现更高层次的合作。

≈

◆ AI辅助个人决策与财富管理

人工智能不仅在宏观治理上是主权个人的支撑，在微观层面也将深刻影响每个个体的生活决策、财富管理和协作方式。随着AI技术的普及，每个人都可能拥有一个贴身的AI助手，帮助处理信息、规划事务，甚至作为智囊提供建议。这将大幅提升个人在各方面的决策能力，让个体更自信地行使自主权。

在辅助个人决策方面，AI可以通过分析海量数据、学习用户偏好，提供客观中立的建议。举例来说，面对繁杂的多国税务和签证规则，一个数字游民可以求助于AI系统，输入自己的收入结构和偏好，由AI即时算出在不同国家居住的税负差异、签证方便度，并建议最佳的行程安排。这相当于传统上需要财务顾问、律师才能提供的服务，现在个人通过AI助手就能获得，而且是7×24小时随叫随应的。再如职业发展抉择，AI可根据全球就业市场趋势和个人技能，为其量身定制学习计划或创业方向。许多知识型工作者已经利用类似ChatGPT的对话式AI来brainstorm创意、优化文案或代码，大幅提高了个人生产力。当这样的助手无处不在时，个人的创造力和判断力将如虎添翼。需要强调的是，AI提供的是理性分析和概率判断，最终选择权仍在个人手中——但拥有AI的支撑，个人就像带着导航仪行驶，能避开多数风险陷阱，做出更明智的自主决定。

在财富管理方面，AI正在改变投资和理财的生态。过去只有富人才能聘请专业理财顾问，而今天各类机器人理财顾问（Robo-advisor）借助AI算法，为普通投资者提供自动化资产配置和投资建议。据预测，到2027年AI驱动的投资工具将成为零售投资者的主要顾问来源，预计到2028年约80%的散户将主要依赖AI获取投资建议。许多大型机构也在整合AI：摩根士丹利开发了内部AI助理，供其数万名理财师在客户会议中即时获取分析支持。对于个人而言，AI可以实时监控其资产组合，依据市场变化自动提出调整方案。例如当某加密货币出现风险信号，AI助手会提醒用户转移到稳健资产；又或者根据用户的年龄和目标，动态优化股票、债券、数字资产的比例。"穷人无人问、富人在深山有远亲"这句老话，在AI时代可能改写为："每个人都能有一个全天候财经顾问"。这极大地增强了个人掌控财务命运的能力，使主权个人不再依赖传统银行或基金经理。甚至在去中心化金融领域，已经有AI算法参与自动做市、量化交易，为用户赚取收益。未来还可能出现完全由AI托管的个人资产账户：你设定好风险偏好和目标，AI代理便自主在全球市场寻找最佳投资机会、安排保险计划等，实现财务的高度自治。当然，人与AI在财富上的信任也需要建立——这涉及AI决策的透明度和安全，但随着技术和监管完善，AI理财很可能成为新常态。

在协作与工作模式方面，AI同样赋能主权个人更好地协同。去中心化的远程团队可能分布全球，各人说不同语言、处于不同时区。AI可以充当实时翻译和协调者：语言翻译AI已相当成熟，让团队成员各说母语也能顺畅沟通；智能日程安排程序则能根据时区自动匹配会议时间。对于复杂的团队决策，AI可以汇总每个人的意见，寻找共识点或提出折衷方案，加速达成一致。实际上，一些开源社区已经利用AI进行代码审查、合并请求分类，大大提高了全球协作效率。可以想见，在未来自治社区里，每个人可能都有AI助手代表他出席低级别的事务讨论，与其他人的AI先行协商，筛掉明显不可行的方案，把真正需要人类创意和价值判断的问题提交出来决策。这样，人类就能专注于高层次创新和情感交流，把繁琐的协调工作交给AI打理。这种"人机协同治理"模式，将极大提升自治组织的运作效率和成员体验。

～

◆ AI与区块链的结合：信任机器的协同潜力

区块链提供了去中心化的信任基础，AI则提供智能决策，两者的结合被认为是构建未来自由秩序的技术地基。这一协同作用有多方面的体现：

其一，区块链保障AI决策的可信度。AI模型往往是"黑箱"，外界难以理解其内部机理。将AI决策流程记录在区块链上，可以实现透明审计。例如，一个AI在分配社区预算时，可将其输入数据、权重参数等摘要写入区块链，使得事后可以验证AI是否按公平预设行事，防止被幕后操控篡改。同样，训练AI所用的数据也能通过区块链溯源，确保数据未经恶意污染，提高AI输出的可靠性。这对于涉及公共事务的AI尤其重要——区块链提供了不可篡改的"信任账本"，让AI成为透明工具而非神秘独裁者。

其二，AI提升区块链系统的效率和功能。当前区块链网络在共识效率、资源调度等方面有瓶颈，AI可以优化这些底层机制。例如，用机器学习预测交易流量、动态调整区块大小，提高吞吐量；或通过AI智能调度节点资源，降低能源消耗。此外，在区块链应用层，AI可以充当智能合约的"触发器"和"判决者"。以前智能合约只能处理数值等简单逻辑，引入AI后，合约可以基于复杂环境输入做出智能反应——例如保险合约遇到模棱两可的索赔情况时，可调用AI图像识别来判定事故照片，再决定是否赔付。这拓展了智能合约的适用范围，使得越来越多现实场景能够由区块链+AI自动执行。

其三，诞生全新的"AI DAO"形态。想象一种DAO，其中重要角色由AI代理担任。例如，一个去中心化投资基金DAO可以聘用一个AI作为投资经理，24小时监控市场并提出交易建议，经多数持有人预先授权，AI甚至可自动执行一定额度内的投资决策。这类似让AI成为DAO的"员工"甚至

"高管"。由于AI不会贪污、不会疲倦，其处理事务将公正高效。当然，AI决策需在DAO成员监督之下，区块链可以记录AI的每笔交易以备审计。一些前沿项目已经在尝试人工智能自治代理：比如著名的去中心化AI网络SingularityNET设想让AI算法通过链上市场自主提供服务、赚取报酬，不同AI之间也可组建"AI组织"合作完成复杂任务。这种愿景下，将来可能存在完全由AI运行的组织，它能产生收益并按照预定规则回馈参与的人类（例如持有代币者）。届时，"主权个人"甚至可以雇佣AI为自己打工，真正实现财富增值的自动化。

最后，AI和区块链的结合能够保障全球协作网络的自由与秩序。正如前文讨论的，在没有世界政府的未来，维系跨城邦协作需要技术手段。区块链提供了开放标准和协议，任何城邦和个人都无法垄断控制；AI则在这些协议上实时调度和监控。AI可以确保每个人的声音在治理中被听见——通过分析议事系统里的所有意见，归纳出主要观点，避免少数强势者垄断话语权。区块链记录整个决策过程，防止篡改，确保透明公正。当AI与区块链协同运作，我们等于拥有了一套技术构建的全球宪章：它不依赖任何单一政权，而是通过代码和算法维护人类社会的基本公平和效率。如同互联网的开放架构带来了通信自由，一个开放的AI+区块链架构将带来协作的自由——人类可以跨越语言、地域和政治藩篱，共享数据和知识，联合应对挑战，同时又不会产生一个凌驾众人的中央权威。

可以说，AI与区块链的结合让我们第一次有能力用技术手段解决全球性事务，而不必诉诸传统的强制权威。这将是主权个人时代的重要里程碑：当信任由数学和代码保障，个人就能更加放心地在一个多中心世界里自由行动，而整体网络依然保持良性运转。技术不是目的，而是达成自由秩序的手段。正如有人所比喻的，这种融合是一座"制度之桥"，帮助人类跨越旧制度不适应新科技的危机，迈向人人受益的繁荣未来。

数字迁徙与城邦崛起：主权个人崛起的历史必然

经过前文讨论，我们已经描绘了主权个人时代的蓝图及其技术支撑。然而，这一蓝图并非凭空出现，而是人类社会近年来几大趋势共同发展的必然产物。尤其值得一提的是，数字迁徙和"城市退潮、城邦崛起"（城市和社区在治理中角色上升）这两大趋势，为主权个人的崛起奠定了基础。本节我们将深入探讨主权个人与这些趋势的联动关系，阐明为何主权个人的出现是时代发展的必然。

～

◆ **数字迁徙：技术解放人的流动性**

如第四章所述，"数字迁徙"指的是人类首次可以大规模"迁徙"到网络空间工作和社交，而不需迁徙肉身的一场革命。互联网、AI和远程办公技术让数以百万计的人突破地理限制，在全球范围内按才华和意愿重新配置。这直接催生了数字游民和全球化远程团队，使"出生地决定命运"这一旧观念被削弱。可以说，数字迁徙赋予了个人前所未有的选择自由：选择居住在哪里、为谁工作、与谁协作。正因为人可以随时"用脚投票"迁往更好的环境，各国各地才不得不改善政策以留住人才。这实际上将权力从国家转移给了个人——正如《主权个人》一书早在1997年的预言：数字技术将大幅削弱传统国家的控制力，赋予个人超乎以往的自主权。而今天我们看到，那些善于利用新技术保护财富和自由的人，确实正在成为新时代的"新贵族"。数字迁徙让人的才能可以在全球范围流动匹配，从经济上提高了个人的议价能力和独立性。一个高水平程序员不再受限于本地就业市场，他可以为硅谷公司远程工作、领取发达国家薪资，同时生活在物价低廉的国家。这种"地理套利"极大增强了个人的财务自主。越来越多知识工作者实现财务独立后，能够更大胆地追求个人价值、发出自己的声音，而不是附庸于某个组织或官方。这正是主权个人出现的社会经济基础：个人有了自主选择的资本和多元连接的网络，自然会要求更多自主权。

此外，数字迁徙推动了全球公民意识的觉醒。当人们远程跨国合作、旅居多国时，他们对不同文化和制度有了切身体会，更容易摆脱单一民族国家视角，转而以世界公民自居。新一代年轻人中有相当比例认为自己是"地球村"的一员，重视普世价值而非狭隘国族利益。这种观念上的变化，使他们对选择属地更加开放：愿意根据价值契合度选择城市或社区，而非盲目效忠出生国。这与主权个人主张的"公民身份竞争"不谋而合。当越来越多人认同"身份可以选择"时，主权个人时代的社会土壤便已具备。

~

◆ **城市退潮、城邦崛起：治理单元的范式转移**

传统国家在全球化、城市化浪潮中正面临重重挑战。超大国家内部各地区差异悬殊、决策链条冗长，往往难以及时回应公民需求。21世纪以来，大城市吸引了过多资源但也引发高房价等问题，反而出现人才向生活质量更优的小城市回流的趋势。第四章讨论了"城市退潮，城邦崛起"的现象，即城市和地区开始探索更大自治，国家权力相对下沉。在各国，涌现出特别经济区、自由贸易港、自治市等试验区域，它们以灵活政策和高自治权吸引投资和人才。在国际层面，"网络国家"的构想也呼之欲出：由一群理念相近的人在全球各地组建社区，最终寻求政治承认并拥有部分主权（Balaji Srinivasan在2022年的著作《网络国家》对此有详细描绘）。

这一趋势与主权个人相辅相成：当城市/社区成为主要竞争主体，个人就拥有了挑选"服务提供商"的更多选项。回想过去，个人一生基本只能接受出生地所在国家的政府服务，没有比较和退出的容易途径。而城邦崛起意味着出现大量多样化的治理单元——有人喜欢低税的创业天堂，有人偏好高福利的宜居之域，也有人青睐价值观独特的小型社区。每个城邦都如产品般向公民"推销"自己。个人则可以货比三家，选择最适合自己的一个或多个社区加入。这正是主权个人理念中的核心：公民身份变得可选择、可竞争。在当今，我们已经看到苗头——爱沙尼亚通过电子居民招揽企业家、葡萄牙马德拉通过数字游民村吸引远程工作者、迪拜靠宜商环境汇聚全球富裕人才。甚至纽约、巴黎这样的大都市也不得不推出专项计划争夺科技创业者、艺术家等人群。所有这些案例指向一个未来图景：城市和社区提供不同"套餐"，人们自由选择，治理者不再高高在上而变为服务者。

城邦崛起同时缓解了主权个人的安全顾虑。有观点质疑：如果个人过于分散独立，是否会陷入无政府混乱？然而，当个人选择加入一个自治良好的城邦或社区，其实并非孤立无援，而是与志同道合者组成新的社会联合。正如前文所述，这些城邦仍遵循契约、维护基本秩序，只是规模更小、更多元。主权个人并非不要组织，而是要可自愿加入的组织。城邦提供了国家之外的新型组织形式。可以预见，在未来很多人将拥有多个"身份"：既是某国公民，也是某网络城邦的成员，甚至同时参与几个DAO社区治理。这些身份彼此叠加，丰富了个人社群归属。在宏观上，这种多中心架构比单一大国更具抗风险性和灵活性——某一城邦治理失败，人们可迁往别处，不会整体崩溃；不同社区之间也可通过联盟和协议形成更高层次的网络，应对全球问题。因此，城邦崛起不仅没有削弱社会稳定，反而为主权个人提供了多层次的保障网。当城市成为实质治理者，国家政府则可以"退居二线"专注宏观事务，这反而降低了集权滥权的风险，符合主权个人时代对自由的追求。

～

◆ 主权个人：数字迁徙与城邦崛起的交汇点

综合来看，数字迁徙赋予了个人"走"的自由，城邦崛起创造了个人"选"的选项，而主权个人正是这两大趋势在个人层面的集中体现和最终结果。个人能够在全球范围内流动、选择和参与不同治理，这本身就是数字迁徙和城邦崛起的逻辑推演。可以这样理解：数字迁徙让人才资本跨边界流动成为可能，城邦崛起提供了承载这些流动的多元容器，二者共同成就了主权个人的崛起。

在这一进程中，技术是催化剂也是桥梁。没有互联网和远程协作工具，数字迁徙难以发生；没有区块链和AI等支撑，去中心化的城邦网络难以高效运作。但技术到位后，更重要的是观念的转变——人们开始相信"个人可以有主权"。这包括对自由迁徙权的更大胆行使，对政府的服务者定位的再认识，以及对多元价值共存的包容。过去，出生地、国籍等先天因素几乎决定一切，如今越来越多人意识到可以主动选择生活方式和社群。这种觉醒正如潘基文在联合国所倡导的"以人为本的发展指标"一样，把人的潜能发挥作为衡量社会成功的新标准。而主权个人时代正是追求人人潜能最大化的制度框架。个人在自由选择中找到最能发挥才能的生态，各城邦在良性竞争中改进治理，这将使整体人类创造力迸发，推动前所未有的繁荣。

当然，我们也应清醒认识到，新秩序的推进不会一帆风顺。既得利益者可能阻碍，部分公众对变化有恐慌，碎片化和冲突的风险需防范。对此，前文提到的价值观共识和技术保障至关重要：坚持自由必须以尊重他人自由为边界，以基本人权和和平原则为底线；运用AI监测潜在冲突苗头，及时协调对话，防止事态恶化。多中心并不等于无政府，每个自主单元仍受制于共识协议的约束。可以预见，在实践中我们会摸索出新的平衡，比如类似"全球公约"的东西——并非由某个世界政府强制，而是城邦间自愿签署的一系列开放标准，涵盖人权保障、环境保护、网络互通等方面，由技术手段监督执行。

令人欣慰的是，苗头已经出现：年轻一代的全球协作意识、开源社区的共享文化、区块链圈对透明公平的推崇，都蕴含着未来自由新秩序的精神。越来越多的人愿意跨越文化藩篱合作，认同"代码即法律"这样的新理念。这说明主权个人时代并非空想，而是有现实土壤的。当我们看到，一个人可以像选手机运营商一样去选择城邦，而城市像申办奥运会一样去争取公民时，那么主权个人和超级城邦的时代就真正来临了。

（章末思考：如果你可以自主选择城邦作为自己的"服务提供商"，你最看重哪些价值？是最大程度的自由、创新环境，还是安全稳定的高福利？当不同城市/社区提供各异的"社会产品"时，人们将如何取舍？没有标准答案，但可以肯定的是，我们正加速走向这样一个选择时代，每个人都需要积极思考并规划自己的角色与归属。）

6

第六章 成功社会的新标准：人人潜能最大化

"社会的伟大，不在于它制造了多少财富，而在于它能让多少人发挥潜力。"

— 巴拉克·奥巴马 (BARACK OBAMA，美国前总统)

反思传统衡量标准

长久以来，我们评价一个国家或社会是否成功，往往聚焦GDP总量、人均收入等经济指标。然而，这些数字有时会掩盖真正的"人"的价值——在GDP再高的国家里，依然可能有大量个人被边缘化、才华被埋没。繁荣的表象下，如果大多数人的潜力没有被发掘和尊重，这样的社会能称得上真正成功吗？现实中常见的一个现象是：许多人一生的发展并非取决于才能，而取决于出身、机遇，甚至性别、种族偏见。一个寒门天才可能因贫困辍学未能成材，一个少女即便聪颖也可能因性别歧视错失事业机会，一个少数族裔或农村孩子可能被隐形的壁垒挡在精英圈外。这种种阻碍导致大量创造力和智慧白白浪费，既是个人的不幸，也是全人类的损失。传统经济指标无法反映这些损失——GDP可以年年增长，但如果很多公民"被遗忘在角落"，那种增长是有缺陷的。罗伯特·肯尼迪在1968年的著名演讲中就批评过GDP，他说GDP"衡量了一切，却唯独遗漏了那些让生活有价值的东西"。联合国前秘书长潘基文也在2012年呼吁"超越GDP，制定以人为本的可持续发展指数"。可见，对传统指标的质疑由来已久。

中国，GDP总量世界第二，但教育医疗资源分配不均衡、城乡差距等问题让许多人难以充分发展。相反，有些国家或地区GDP不算最高，却可能更"成功"——比如一些北欧国家，人均GDP在富国中居中，但全民教育医疗水平高、贫富差距小、人民幸福感强。这提示我们，评价社会成功需要新标尺，不应只看经济总量，而应看"人的发展质量"。

人人潜能最大化：新成功标准

基于上述反思，我们提出一种全新的评判标准：社会制度是否成功，应该看它是否最大化地释放了每个人的潜能，激发出每个人的创造力和雄心。换言之，一个真正成功的社会，不在于积累了多少财富，而在于是否让每个人都能成为最好的自己。如果一个社会能够让农家子弟成为杰出科学家，让寒门学子也有机会创业成就梦想，让每位普通人都能发现自身价值并有条件去实现，那么这样的社会无疑充满活力和希望。反之，如果大量人的梦想在起跑线上就被扼杀，才智因缺乏机会而荒废，那么无论经济数据多么亮眼，都难言真正的成功。

这一标准可以称为"人人潜能最大化"，强调将人的潜能视为社会最重要的资源并充分开发。它借鉴了诺贝尔经济学奖得主阿玛蒂亚·森的"能力方法"理论：社会发展应以扩展人的自由和能力为目的，而不仅仅是增加收入。联合国的人类发展指数（HDI）在一定程度上体现了这点，因为HDI综合了人均收入、教育程度和预期寿命，以衡量人的发展水平。然而，我们的标准还要更进一步：不仅看平均值，还要看分布——要让每个人都能发展，而不是只有精英享受发展成果。用形象的话说，就是要让整个金字塔底部的人都得到垫高，人人皆有向上的阶梯。

一个例子可以帮助理解：假如某国GDP增长迅猛，但增长红利主要被顶层20%的人拿走，底层很多人依旧贫困、教育落后，那么这个国家算成功吗？我们的标准会说不，因为大部分国民潜能未被激发。再如，甲国GDP年增5%，乙国增3%，看似甲优于乙。但甲国增长伴随环境恶化、社会紧张，乙国增长虽慢却全民受益、教育全面提升，那么乙国或许更成功，因为乙国未来潜力更大。人人潜能最大化正是着眼于未来：当每个人都被赋能，整个社会的创新和应变能力将大幅增强。前文提到，当今比拼的是人力人才资源，如果一个社会能把草根塑造为人才，那是最大的竞争力。

激发个人潜能的环境

要实现人人潜能最大化，必须打造一个激发个人潜能的环境。本章通过故事和数据说明，教育、医疗、保障等环境因素如何影响人的发展。比如，一个提供免费优质教育和医疗的城市，相当于为每位公民准备了一块"助飞的跑道"，让他们无后顾之忧地追求理想。反之，如果一个年轻人为基本医疗和学费发愁，他的精力和抱负就被消磨在生存压力中，难以展翅高飞。我们已经看到许多例子：一些北欧国家致力于提供全民高质量教育和再教育，因此创新人才辈出；相反，有些地区因贫富差距导致阶层固化，出身几乎决定命运，后代难以超越父辈境遇，社会充满挫败感。

数据也印证了环境的重要：社会流动性指数是衡量一个人能否通过自身努力改变社会经济地位的指标。世界经济论坛的全球社会流动报告指出，在社会保障完善、教育公平的国家，社会流动性较高，人才不论背景都有机会崭露头角；而在一些不平等严重的国家，社会流动性低，穷人子弟很难翻身。一些研究发现，美国的社会流动性近年下降，部分区域"地理决定命运"的现象明显——有的邮编区出生的孩子难以取得高成就。这也引出一句箴言："天赋和梦想不应被邮编决定"。真正文明进步的社会，要做到无论孩子出生于繁华都市还是偏远乡村，都能有机会施展才华。同样，不应因为性别、种族等先天因素而埋没人才。

因此，一个激发潜能的环境至少包含以下要素：普惠的教育（从幼儿到高等教育，让每个孩子都能发现兴趣与才能）、完善的基础健康保障（不让疾病毁掉人的未来）、公正的就业创业机会（反歧视，提供培训和资本渠道）、完善的再教育与社保（使人敢于尝试新事业，不怕失败）。举些具体案例：新加坡政府提供购房补贴，使80%以上居民拥有住房——住房稳定有助于人安心发展事业；德国实行双轨制职业教育，让不同天赋的青年都能有成才路径，工匠也能出大师；加拿大等国通过移民加积分政策吸引全球人才，也给本国人创造与国际竞争合作的机会。这些政策都在不同方面扫清障碍，让更多人跑得更远。

社会成功的终极考核

通过上述对比，我们引出一个发人深省的结论：一个社会最值得骄傲的成就，不在于高楼大厦或GDP排名，而在于是否让每个人都看到了向上的阶梯。衡量社会成功的终极考核标准应是：有多少人的潜能被充分发挥？我们可以引用一则箴言式总结——前文提到的"天赋和梦想不应被邮编决定"。如果一个孩子无论出生都市还是乡村，都能通过勤奋和才智改变命运，那么这个社会就是成功的；反之，如果广大人民被困在社会底层看不到希望，那么再宏伟的成就也站不稳。只有当每个公民都能参与创造价值而非被排除在外，我们才能说这个社会达到了文明的新高度。

这一新标准也为后续章节描绘未来城市提供了价值指引：超级城邦的愿景，正是要创造一个让人人都有所作为、没有被遗忘角落的理想社会。在前几章，我们讨论了劳动力自由流动、AI解放人类、个人主权崛起、城邦自治等宏大变革，但这一切的终极目的还是服务于"人"。技术也好，制度创新也罢，最后衡量其成败的标杆，还是看它是否让更多的人才被发掘、更多的梦想得以实现。如果不能，那再炫目的技术也没有意义。

本章要让读者深刻意识到：人的潜能开发不是"锦上添花"，而应是社会发展的核心任务。放眼未来，随着AI承担重复劳动，人力的价值越来越体现在创造性和创新上。我们更需要广泛的人才库和多元的创意来源。每一个可能的爱迪生、居里夫人都不该因为家庭出身或性别原因被埋没；每个普通人也应该有机会参与贡献，例如通过众包平台、小微创业等形式。社会提供阶梯，个人努力攀登，这是双赢。这样的社会才会持续涌现活力。

让我们以一个憧憬结尾：未来某天，当国际排行榜不再热衷于GDP比拼，而是比拼"人才潜能指数""社会流动率"等指标，那个时代也许真正来临了。在那里，每个孩子生下来都充满无限可能，每个成人都能找到发挥所长的位置。那将是人类文明的新境界，也是超级城邦时代希望达成的目标。

7

第七章 超级城邦：全民基础资产与机器人助力安居乐业

"进步就是为多数人带来更好的生活。"

——约翰·F·肯尼迪 (JOHN F. KENNEDY，美国前总统)

未来的超级城邦将科技与人文完美融合，描绘出一个人人安居乐业的理想社会图景。在这座超级城邦中，每位市民不仅共享城市的发展成果，还拥有稳定的居住保障和参与治理的权利。人工智能和机器人遍布城市的角落，承担繁重单调的劳动，让人们能将精力投入创造性和社会性的事业。在数字公共空间中，公民通过全新的共识机制协商决定城市事务；城市本身也仿佛有生命，会根据市民的情感和节奏自适应地调整运转。以下从多个方面深入展望这幅未来城市蓝图：全民资产如何定义城市共有财富，安居权如何制度化保障，机器人系统如何协同社会运行，劳动范式如何重塑，数字民主如何孵化共识，以及城市节律与文化生命如何呈现。整章逻辑清晰、一气呵成地勾勒出一个科技高度发达却富有人情味的超级城邦愿景。

全民资产理念的核心内涵与制度想象

重新定义"共有财富"：未来超级城邦的首要理念是"全民资产"（又称全民基础资产，Universal Basic Assets, UBA）。这一理念将城市视作全体市民共同持有的"资产池"，倡导将城市中的共有财富重新定义为由人民共享的资源，包括土地、数据、基础设施以及因技术进步而产生的红利等。每位市民天然地对这些公共财富拥有份额，好比城市的股东，享有"城市红利"。这种全民资产理念赋予市民一种主人翁地位——城市的发展成果不再只是政府或资本的收益，而是会转化为每个人的基本资产底盘。正如学者Mark B. Garman提出的"全民基本资本"设想：让每个公民直接持有经济资本的一部分，通过一个公共超级基金按份额分享经济增长带来的红利，这比政府发放固定补贴更让公民成为利益共同体的一员。这种机制将公民由被动的受惠者转变为城市财富创造的参与者和分享者，让技术进步带来的繁荣不被少数人垄断。

数据红利入股全民：在数字时代，数据被誉为新的石油。超级城邦会将海量城市数据视为公共资产，而非由少数科技公司独占价值。当市民使用城市服务、穿行传感网络并创造数据时，这些数据经过AI分析会产出巨大经济效益。全民资产理念设想建立"数据红利"制度：对利用市民数据获利的企业或平台征收分成，将相应收益注入全民资产基金，为每人积累财富。正如有专家比喻的那样，我们可以像碳定价那样给AI和数据创造的价值定价，通过征收"数字红利税"确保AI驱动的生产力转化为共享繁荣。政府需要利用自动化的技术手段追踪数据和AI创造的价值，并建立高效的税收转移通道，将这笔数字红利公平地再分配给全体市民。如此，每个人都是数字经济股东，确保AI的收益不再只流向大公司和股东。正如《数字红利》一文指出，如果AI创造的财富全部归技术寡头所有，我们将面临更深的不平等，必须引入机制把这股财富增量回馈人群。

土地与资源增值共享：城市的土地和自然资源增值是另一重要的共有财富。在传统城市，土地升值往往让地主和开发商获利，而普通市民反因房价地价高企而受损。在超级城邦的全民资产框架下，城市会通过土地增值税或城市主权财富基金来让土地收益全民共享。例如，城市可以将土地出让金、房地产增值收益的一部分存入"城市财富基金"，定期向每位市民发放城市红利。这类似于阿拉斯加州的永久基金将石油收入分红给居民：2024年阿拉斯加每位居民获得了约1,702美元红利，成功证明了全民共享资源收益的模式。一个快速发展的未来城市若将高企的土地租金和地产税部分纳入此基金，完全可以每季给市民发放可观的分红，让大家共同分享城市繁荣。有研究者测算，即便在现有条件下，通过对城市土地征收一定比例的价值税，一座大都市也可为每位居民提供不菲的基本收入：例如在美国丹佛，若实行城市范围的土地价值税，其收入足以每年给每个居民发放约3,300美元的普惠红利。这昭示着"土地红利"并非乌托邦——明智的制度设计可将城市发展的蛋糕做大并切好，让每个人分到一块。

AI效率红利入基基金：随着人工智能广泛应用，城市生产力将获得飞跃式提升。无人驾驶交通、智能制造、AI客服等能够7×24小时创造价值，但如果不加干预，这些效率红利只会转化为企业利润和资本收益。然而，在全民资产理念下，城市会主动社会化部分AI带来的收益。具体做法可以是在AI和机器人密集使用的行业引入"自动化红利税"或类似的分配机制：当企业因为用机器人替代人工而节省了大笔成本或获得超额利润时，将其中一部分以税费或股权的形式注入公共基金。这并非惩罚技术进步，而是让全社会共享技术红利的必要手段。如微软创始人比尔·盖茨所言，如果机器人顶替了50,000美元年薪的工人，那么应当对这台机器征收相当于人工所得税的税款。政府可以用这些资金去创造新的就业，比如护理老人、幼教等更需要人类关怀的岗位。通过这类"效率红利分享"制度，科技提高效率所释放的财富将部分转化为全民基本收入或公共服务资金，而非全部流入资本方腰包。人人成为AI时代的股东：每当机器人为经济增添价值，市民的资产账户都会随之增长。

城市股东制的雏形：综合以上元素，超级城邦实际形成了一种"城市股东制"的雏形——每个市民都是城市的股东，持有城市发展的一篮子资产。全民资产账户好比每人一份城市的股票组合，其来源涵盖数据红利、土地收益、AI效率税等多方面。在这一体系下，公民享有明确的分红权和参与权：他们定期收到城市红利（现金或数字代币形式），见证城市经济成长带来的收益；同时，他们对城市公共财富的管理拥有发言权，能够通过民主机制参与决定基金的使用方向。分配机制上，城市可以为每位市民设立一个数字资产账户（类似数字钱包或主权账户），自动记录其应得的各项红利份额。例如，每季度智能合约根据城市GDP增长、土地及数据收入计算出人均红利，直接发放到账户中。此外，新生儿获得一份起始资产（可在成年后解锁），移居他城则将本城账户结清转移。这套机制需要健全的法律架构保障公民权利：确保任何人头上的这一份资产不可剥夺、平等继承。哪怕人在经历失业、疾病等个人危机，其全民资产账户依旧每月产生稳定收益，充当基本生存保障网。这类似于把城市当作一家公司经营，全民持股但又超越了传统公司的局限——它更强调社会公平和代际延续，每个公民无论贫富都拥有基本的资产权利。

制度想象与保障：为了运行全民资产制度，超级城邦需要配套一系列制度创新。例如，成立城市主权基金管理局，专业管理投资和分红策略，确保基金保值增值并安全运作；制定全民红利宪章，明确公民资产权利不可侵犯，将其写入城市基本法；建立透明的数字治理平台，实时公布基金收入来源和使用去向，接受全民监督。在技术上，可能利用区块链来记录每个市民的资产份额和红利派发，保证公开透明且防篡改。通过制度与技术的双重保障，"全民资产"将从理念走向现实。当这套体系成熟运转时，一个惊人的转变将发生：市民不再仅仅是纳税人或福利接受者，而真正成为城市的投资者与股东。每个人对城市都有经济上的参与感，城市兴盛带来的好处由全民共享——这正是超级城邦理想社会的经济基石，也是避免AI时代贫富悬殊、凝聚公民归属感的关键举措。

安居权与制度保障机制设计

在超级城邦的愿景中，"安居"不再只是一种条件性的福利或市场商品，而被提升为每个公民与生俱来的基本权利。这里所说的安居权，更准确地称为每位市民的"栖居权利"，意味着人人都有长期稳定的住所保障，并且这种居所权可以代际继承、与城市共同繁荣而提升。要将安居权落到实处，城市需要全方位的制度设计和数字技术支撑，使居有所安成为社会运行的常态。

居住权利入宪：首先，超级城邦会在其宪制框架中明确居住权乃基本人权之一，写明"每位合法市民都有权获得安全、稳定和体面的住所"。这一宣示类似于联合国《世界人权宣言》第25条对适当住房的强调，但在城邦尺度上更具可操作性。立法上，可以通过《安居法》细化政府在住房保障方面的义务，以及公民享有的具体居住权益。比如规定：政府每年提供足够的新住房以满足新增人口；禁止任何人被无故逐出唯一住所；公民的基本住房权利不因经济状况恶化而丧失等。有了法律背书，安居权成为一项可诉求、可执行的权利，而非口号。

全民住房计划：为兑现安居承诺，城市将推行类似"全民住房计划"的政策组合，确保居者有其屋。具体而言，可以包括以下创新机制：

- 保障房及共有产权：大规模兴建高品质的保障性住房，由政府或公共机构提供低价出售或长期租赁给市民。每个公民家庭，无论收入水平，都有机会通过抽签或积分等公平方式获得一套保障房的长期居住权。这种居住权可以是有条件的产权（如99年可继承产权）或永久租赁权。新加坡的经验表明，大规模政府建房并配以购房补贴，可使绝大多数居民实现自有住房。未来城市在此基础上更进一步，可采用共有产权模式：政府持有部分产权、居民持有部分产权，从而把房价门槛大幅降低。例如，市民只需负担50%的房屋价格即可入住，其余部分由政府持有产权份额，这样既确保个人有产权感，又避免完全市场化的高价剥夺居住权。市民可以在居住满一定年限后逐步买下政府份额，或者将产权连同政府份额一并转让给下一代，保障代际继承。

- **数字化分配与流转**：借助数字技术，城市将建立一个住房分配与流转平台，结合每个市民的数字身份ID和个人资产账户来管理住房资源。每位市民的数字身份都会链接其住房权益信息，如已分配住所的面积、地点、租期/产权年限等。通过这一平台，住房分配实现高度透明和高效：当有新住房单元落成或空出时，系统会根据预设的公平规则（如家庭人口、特殊需求、申请顺序等）自动匹配给合适的市民，并推送候选名单以公开征求意见，确保过程公开公正。市民若对分配结果有异议，可在线提出复议申诉，由AI辅助的仲裁系统快速评估解决。从一个社区搬迁到另一个社区也变得便利：想调换住房的居民可以在平台上提出申请，系统会寻找换房匹配（类似房屋交换的算法），或将其加入候补序列，在出现心仪地段空房时自动通知。在这一数字平台支持下，住房流动既保障了个人选择，又不会演变为弱肉强食的炒房投机——因为系统严格限制交易只能在平台注册市民间进行，且设定合理的价格/租金管控标准，杜绝投机行为，维护住房的居住属性。

- **公平继承与流转**：栖居权的"可继承"设计意味着父母的住房权利可以传给子女，从而赋予住房一种家庭资产的性质，但这种继承必须在公平与效率之间取得平衡。如果一户人家后代一直居住于同一住所，那么在父母去世后，子女可依据继承规则继续享有该住房的居住权，不必担心被迫搬离"祖产"。但若子女已有其他住房且无意入住继承房，则城市有权将空置房收用于分配给更需要的家庭，同时给予继承人一定补偿（如货币或其它资产形式）。这种机制防止了住房资源的闲置浪费，又维护了继承权的尊重。对于无人继承的住房，则直接回归公共池，重新分配给住房紧缺者。通过数字身份系统，政府能够实时监测每套保障房的使用和继承状况，及时进行调剂。可继承的栖居权赋予市民跨代的安全感：他们可以安心投入城市建设，因为他们知道自己的子孙也将有安稳的家，不会因为房价飙升或租约中止而流离失所。

- **住房与城市共同繁荣挂钩**：传统商品房市场中，房产升值仅利好业主个人，但在超级城邦的模式中，住房升值收益将更广泛地惠及社区和全民。假设某片区因为城市发展变得繁华，按照市场原理房价地价大涨，那么城市会相应在全民财富基金中注入该片区土地升值所产生的溢价收益，通过年度红利回馈全体市民。同时，该片区的原住民如果仅拥有长期租住权，也不会错过繁荣带来的好处——可以设计"繁荣奖金"制度：当城市GDP、人均收入连续增长达到一定指标时，所有保障房住户都会获得一次性奖金或租金折扣，象征城市繁荣与你同在。反之，如果城市经济下行，政府也不会通过提高保障房租金来转嫁压力，住房支出始终与收入相称且稳定。这种挂钩机制确保居者有其屋且安其心：人们不会因城市的发展而被边缘化，也不会因短期经济波动而居无定所。住房从某种意义上成为了一种准公共品，其价值增减更多地通过公共渠道调节，而不是完全市场逐利。

实现安居权的技术保障：要管理数以百万计的人与房，离不开智慧城市技术的支撑。超级城邦将构建城市级的住房大数据系统和AI调度系统。前者汇集所有住宅单元的属性、使用情况、维护状态，结合地理信息形成动态的住房地图；后者则利用AI算法优化住房资源的匹配和规划。例如，通过预测模型分析人口增长、家庭结构变化趋势，提前几年布局新的住房建设选址和规模，做到供需动态平衡。当某区域出现就业机会增加、人口净流入，系统会建议加快附近保障房建设或改造商业地产为住宅，以防止住房紧缺。对于个人层面，AI助理可以根据用户授权获取的收入、工作地点、家庭情况等数据，在他们人生不同阶段主动提供安居方案：比如刚工作的年轻人可获得合适的小户型推荐；成家后有孩子了则提示如何申请更大住房；老人需要照护时又有社区养老房源匹配。这些服务都通过市民的数字身份证明和资产账户无缝对接，过程简洁高效。

防止特权和维护公平：安居权是全民的权利，制度设计必须杜绝人为寻租和腐败，保持公平公正。一方面，全程数字化和公开透明是有力手段——所有房源分配结果、轮候名单、评分标准都在网上公示，接受公众监督；任何调整都留有区块链记录可追溯。另一方面，引入独立的监督机构或公民委员会对住房分配进行抽查评审，确保AI分配算法没有偏见或技术故障。同时，规定官员不得以权谋房，公职人员的住房申请需额外审查，防止内部人优先。此外，对于拥有多套住房者（例如通过继承或婚姻获得），限制其同时占用多套保障房资源，鼓励将多余部分退出用于再分配或与他人共享。在租金和费用上，根据收入阶梯设置差异化租金/摊还机制，让低收入者几乎零成本入住，收入增加后再相应提高租金或购房出资，但都有封顶比例以免过度负担。通过这些措施，安居保障体系既防止了少数人滥用，也激励人们努力向上：因为收入提高并不会让你失去住房，只是承担稍多份额，同时你的社区也会因此受益更多公共资金投入，形成良性循环。

总之，超级城邦通过立法保障+数字治理+公平分配机制三管齐下，将"安居权"真正落地为每个人的切身利益。每一位市民，无论贫富，在城市中都有一个属于自己的稳定居所作为立足之本。这种安全感和归属感将极大增强社会的凝聚力与稳定性：人们不用再为房计虑，可以安心投入工作与创造；社区邻里关系也更紧密，因为大家长期居住共享环境，有共同维护社区的动力。这正是一座理想城市应有的温情底色。在超级城邦里，居者恒居，业者恒业，安居乐业不再是一种奢望，而是有制度支撑的普遍现实。

城市机器人系统设计与社会协同

当我们漫步在超级城邦的街头，随处可见忙碌却默默无声的机器人身影：清晨，自动驾驶巴士准时穿行，将通勤者安全送达；街道两旁，环卫机器人在清扫昨夜落叶和垃圾；无人机在天空划过，给居民送来新鲜早餐和快递包裹；公园里，安保机器人友善地巡逻，为晨练的人们提供安全保障；医院病房中，护理机器人辅助照料老人和病患，测量生命体征、递送药物......这一切构成了超级城邦独特的城市风景线：分布式机器人网络已经接管了繁重的基础劳动，让城市高效运转如同精密时钟。而在这看不见的背后，是完善的技术与制度框架确保人机和谐共处、协同增效。

分布式机器人网络架构：超级城邦的机器人系统并非一中央巨脑指挥下的僵化军团，而是类似物联网+AI支撑的分布式智能网络。全城的机器人被赋予一定自主能力，能感知环境、与周边协同，同时通过5G/6G网络与云端城市大脑保持通信，接受调度优化。城市将机器人按照功能划分为几个子网络，例如：物流配送网络（无人机、无人车、管道传送系统等负责货物运输）、市政维护网络（市政维修机器人、环卫机器人、施工机器人等保障城市基础设施）、安保巡检网络（警备巡逻机器人、消防救援机器人、监控无人机等保障公共安全)、医疗照护网络(医院内外的诊疗、护理和紧急救助机器人)等等。每个子网络都有区域节点:比如每个街区设有机器人管理站,存放充电、更换部件并作为应急指挥据点。当某一区域发生突发事件(如火灾),附近的安保和救援机器人会自动集结,必要时邻区的机器人也协同支援。这种架构类似分布式计算,让"千机万脑"协同工作:平时各司其职,本地自治;一旦需要则众机合力,调动全城资源。

技术与制度双重框架:在技术层面,超级城邦建立了统一的城市机器人操作系统和标准接口,确保不同厂商、不同功能的机器人都能无缝沟通。这相当于给所有机器人安装了一个"城市公民软件",使它们遵守共同的通信协议、安全规则和任务优先级。AI算法为机器人赋予即时决策和学习能力,同时云端大脑持续汇总数据优化全局调度。在制度层面,城市颁布《机器人管理条例》,明确机器人上路行驶、公众场所活动的规章,定义机器人遇到人类时的礼让规范、隐私距离,以及发生事故时的责任认定。比如规定配送无人机不得低于某高度飞行以免干扰行人,安保机器人摄像头采集的人像数据必须加密存储仅在治安事件发生时才可调用,等等。还设立机器人监察机构,对机器人行为进行随机抽检,防止个别失灵或被篡改。总之,通过技术和制度两手抓,城市机器人网络既具高度自主性和智能性,又处于有效的人类监督和法规约束之下,杜绝了科幻中机器人失控的隐患。

基础劳动全面接管:机器人系统将逐步接管城市中的基础劳动,特别是在"脏、累、险、繁"(肮脏、繁重、危险、重复)这四类工作上替代人力。一方面,这解放了宝贵的人力资源,使市民不再被卷入耗费身心的体力劳动;另一方面,机器人的参与让城市服务达到前所未有的效率和可靠性。例如:

- 物流:日常生活所需的物资,由全自动物流体系完成配送。智能仓库中的机器人手臂昼夜分拣货物,地下管道和地面无人车把包裹送到各小区站点,无人机负责高效"最后一公里"投递。24小时运转的物流机器人确保当日达、甚至一小时达成为常态。居民只需在手机上下单,AI调度中心立即指派最近的机器人取货,路线避开高峰和天气影响,将物品安全送达。整个过程无需人工插手,却比有人力的系统更加快捷精准。

- 市政维护：维护城市基础设施的工作由专业机器人承担。例如道路养护机器人定期巡检路面，发现坑洼立即自动修补；管道爬行机器人进入地下管网清理堵塞、检测漏损；高空作业机器人负责清洗高楼外墙和更换路灯；园林机器人对公园绿植修剪养护。它们按计划分布在城市各处，又能迅速响应异常情况（如水管爆裂、路灯故障），将城市维护得井井有条且无需打扰居民。

- 安保与应急：警用安保机器人昼夜不间断巡逻社区和公共场所，利用传感器监测异常行为并实时与公安系统联动。一旦发生治安事件，附近的机器人会优先到场控制局面、录像取证，并发出警报通知人类警员接管复杂局面。消防救援机器人配备热成像和灭火装备，能在火灾初起时冲入火场扑灭或控制火势，为人员疏散和消防员到来赢得宝贵时间。对于地震、洪水等灾害，有专门的搜救机器人和无人机队伍在废墟或险境中搜寻救援幸存者。这些机器"英雄"可以代替人类冒险，把危险留给钢铁之躯，把安全让给血肉之躯。

- 医疗与照护：面对老龄化和大城市巨大的医疗照护需求，机器人同样大显身手。医院里，配送机器人在楼宇间穿梭运送药物、标本；手术机器人辅助外科医生完成高精度微创手术；护理机器人在病房陪伴病患，监测生命体征、提示服药、甚至聊天抚慰情绪。在社区和家庭，照护机器人可以帮助独居老人起居、做康复训练、呼叫远程医生诊疗等。一些机器人护士具有人形和柔软的触觉，可以搀扶老人行走、防止跌倒。它们不知疲倦，无微不至，让每个人从出生到晚年都能享受贴心周到的照料。

机器劳动力税与服务分红：大规模机器人代替人力劳动，必然带来就业形态和财富分配的巨变。超级城邦未雨绸缪地设计了"机器劳动力税"和"服务分红"制度，确保机器人创造的价值能反哺全社会，而不是让财富进一步集中在机器人所有者手中。这一思路源自一个简单公平的原则：如果过去由人类完成的工作现在由机器人完成，那么人类社会不应失去相应的收益。具体措施包括：

- 机器人所得税：政府对企业使用机器劳动力征税。例如一台仓库搬运机器人相当于过去两个工人的产出，那么企业需为其缴纳相当于两个工人的所得税和社保费用。再如无人驾驶卡车替代了司机，则营运公司需按每辆车每年缴纳一定金额的"自动驾驶税"。这样征收的税款全部进入社会保障基金或全民资产基金，用于支付全民基本收入、再就业培训等。这一政策既可以减缓自动化对就业的冲击（因为提高了全自动的成本，使企业不会盲目裁员），又能为被替代的劳工提供经济保障和转型支持。正如比尔·盖茨所主张的，适度的机器人税不仅不会遏制创新，反而是在创造一个更平衡的社会环境，让自动化的好处惠及每个人。

- 公共服务分红：城市政府大力发展公共领域的机器人应用，并将其产生的效率盈余以服务红利形式反馈给市民。比如，市政环卫部门全面机器人化后，人力成本大幅降低，节省的预算可以部分用于提高市民待遇（如降低垃圾处理费）或直接发放绿色生活补贴。无人驾驶公共交通如果实现盈利（由于无须司机工资且高效准点吸引更多乘客），盈余的一部分可转为交通红利按市民公交使用积分发放，鼓励使用公共交通的同时共享收益。在医疗领域，引入AI诊疗和护理机器人节约的医保开支，可通过健康红利回馈给参加保险的居民——比如每年返还一定额度医保金到个人健康账户。这些都是"服务分红"的例子，本质上是把机器人提升公共服务效率所约的资金重新用于增进公众福利，而不是简单充盈政府金库。

- 机器人所有权全民化：一种更激进的制度想象是让相当比例的机器人资本直接全民共有。政府可以设立"城市机器人运营公司"或公共合作社，购入和运营城市关键领域的机器人（如公交车队、物流网络、安保巡逻等），每个市民按其全民资产账户持有相应份额。这样机器人带来的盈利会定期以股息形式发放给全民。这类似传统的国有企业分红，但在超级城邦里，公共持有的将不仅是自然垄断行业，还可能包括AI算法、数据资源和机器人劳动力等21世纪的新型生产要素。全民作为股东，从机器人劳动力的每一分产出中获益，从而大大缓解了技术失业带来的购买力下降问题——因为机器人干得越多，市民分红越高，消费能力越强，经济循环反而更加旺盛。

社会协同与人机和谐：当机器人大规模走入社会，一个重要课题是如何实现人机协同共存。超级城邦通过教育和制度引导，营造出良好的人机互动文化：

- 市民从小接受有关机器人和AI的科普教育，了解它们的机理和局限，学会与机器打交道的基本礼仪和安全知识。例如在学校课堂，孩子们可以和教学机器人协作完成项目，从中培养对机器助手的信任与正向态度。

- 城市制定机器人行为规范和人机交互守则。不仅机器人需要避让行人、人车分流，人类也被倡导友善对待机器人，不胡乱干扰它们的工作。例如禁止恶意拦截配送机器人或者对机器人施以暴力（未来或将上升为违法）。社区里出现损毁公共机器人设备的行为，会被视为与损坏公共设施同等严肃对待。

- 鼓励人机协作的新就业模式。在某些需要人情味的岗位，让人类与机器人搭档，比如"双班制"护工（白天由人类护工主导，机器人助手辅助；夜间机器人值守，人类远程监控），"AI导游"（机器人讲解景点事实，人类导游补充故事和情感交流）等。通过协同，人类发挥创造力和同理心，机器人负责繁琐事务，双方互为补充。市民逐渐习惯将机器人视作同事伙伴，而非竞争对手。

- 建立机器人事故责任体系。万一机器人出了差错（例如自动车碰撞、手术机器人失误），有清晰的调查与赔偿机制。通常厂家或运营方需要承担责任，与人类工伤赔偿类似。这既保护了公众权益，又促使相关方不断改进机器人安全。公正透明的事故处理也增强了公众对机器人的信心，避免因偶发事件引起恐慌抵制。

通过这些努力，超级城邦达成人机之间的一种新型社会契约：机器人尽职尽责服务人类，人类尊重善待机器人。大部分繁重单调的工作都由机器人包揽，但这并不导致人类被边缘化或无事可做——相反，因为机器人成为可靠的生产力工具，人类得以从琐碎劳作中解放出来，专注于更有创造性、价值性的事业。城市因此实现"双赢"：生产效率和公共服务质量因机器人而飞跃提升，市民的生活品质和自由度也因机器人而显著提高。而更重要的是，机器人经济的红利通过周密的制度设计流向全社会，每个人都分享到了科技进步的果实，而非只有资本所有者受益。这正是超级城邦得以安居乐业的物质基础和社会公平保障。

超级城邦中的劳动新范式

在高度自动化的超级城邦里，当大部分体力劳动和简单重复工作由机器人完成，"劳动"将不再仅仅意味着谋生的手段，而将被重新定义为一种富有创造性、奉献性和自我实现意义的活动。人类从繁重劳动中解放后，社会需要一个全新的劳动范式来维系个人的价值感、责任感以及社区的运转。在这个新范式中，每个公民都将探索劳动的新意义：有些劳动是出于热爱和兴趣，有些是出于公民责任和对共同体的贡献意愿。在保障基本生活无忧的前提下，劳动不再是被迫的生计，而是一种"选择性的义务"——公民自愿或按照轻度要求参与一定的社会性工作，以回馈社会并丰富自我。

从谋生到谋求价值：首先，随着全民资产和基本保障的实现，市民不再为温饱和房租发愁，大多数人基本收入有保障。当生存不再是问题，劳动动机将更多转向创造价值和寻求意义。人们会倾向于从事那些真正让自己有成就感或对社会有益的工作领域，而非纯粹收入最高的职位。例如，一位年轻人可能选择成为一名环境艺术家，用创意美化城市角落，因为他热爱艺术并希望给公众带来美好体验——即便这份职业收入平平，他也无后顾之忧，可以投入激情做好。又如，有人可能放弃大公司的闲职而参与社区创业项目，尝试解决本地某个民生难题，因为失败了城市还有再就业培训和基本生活补贴提供"第二次机会"。整个社会的氛围是鼓励探索多样人生道路：成功不再只定义为赚多少钱，而更在于你为共同体做出了什么独特贡献。劳动从此具有了浓厚的自主选择和自我实现色彩，每个人都被激励寻找自己擅长且热爱的领域去深耕，因为保障网会兜住失败的风险。

公民义务劳动与社区服务：当然，在享受权利的同时，公民也应承担相应的义务。在超级城邦的新劳动范式下，每个具有劳动能力的公民都被期望拿出一部分时间投身于公益性、社会性的工作，以此回馈社会提供的保障。这种"义务性公民劳动"并非全职、强制的"苦役"，而更像是一种现代形式的"公民服役"或社区服务，旨在增进公共福祉和社会凝聚。城市可能会制定一项指导性制度，例如"公民奉献工时"：每年每位成年人应当为社区义务工作一定小时数（比如100小时），形式可以多种多样，例如社区清洁日、参加治安巡逻志愿队、在养老院做志愿者、指导青少年课业、参加应急救灾演练等等。这些义务劳动可以由公民自主选择领域和项目，政府提供平台对接需求与志愿者。在紧急情况下（如灾害救援），政府也有权征召公民投入必要的服务，但平时主要依靠公民的责任心和荣誉感来履行。研究表明，适度的强制性服务要求如果设计得当，并不会引起反感，反而能培养长期的公民参与意识。很多超级城邦的公民将义务劳动视为公民身份的一部分：就像昔日履行兵役或社区义工一样，这是对自己社区的承诺和骄傲。

城市奉献账户与积分：为了记录和激励公民的社会贡献，超级城邦引入了"城市奉献账户"制度。每位市民的数字身份下都有一个奉献账户，记录其参加义务劳动和志愿服务的情况。这套账户采用积分制：不同类型、强度的公益劳动赋予不同分值的奉献积分。例如，担任社区急救员每服务1小时可得5点积分，在图书馆做志愿管理员每小时3点，帮助邻里清扫街区每小时2点，等等。系统会自动通过数字身份打卡、任务反馈等方式累积个人积分。这些奉献积分不仅是荣誉的象征，也可以与一定的物质奖励或权益挂钩，形成正向激励机制。例如：

- 红利兑换：市民累计的奉献积分可以按比例兑换城市红利的额外加成或特殊补贴。比如每100积分可以兑换一定金额的社区消费券、公交乘车券，或在全民资产年度红利中获得额外百分比的加发。这相当于对积极奉献者的经济嘉奖。

- 身份徽章：根据积分，授予市民不同等级的荣誉称号或徽章（如铜牌志愿者、银牌、市长特别奖章等），这些荣誉会展示在其数字身份档案中。获得高等级徽章的市民在某些公共活动、政策讨论中会受到尊敬和礼遇。例如，他们可能被邀请进入公民议事委员会，或在决策平台上的发言被算法给予更大权重（因为他们被视为更关心公共利益的人）。

- 社区优待：奉献积分高的人在某些城市服务上享有优先权或优惠。比如申请热门的技能培训班、使用公共场地、子女入托入学排序等方面，奉献多的公民可以获得优先选择机会（但不会过度特权化，只是略微倾斜）。另外，城市可能会每年举办"奉献者嘉奖大会"，由市长或社区领袖对高积分者公开表彰，营造尊崇公益的氛围。

需要强调的是，奉献账户不应演变为功利化的"社会信用分"或惩罚机制，而应主要用于鼓励和认可正面行为。它不会因个人生活中的普通过失扣分惩戒，而仅针对公益贡献进行累加。这类似于一种"时间银行"或社区积点理念：你为社会投入时间和善意，社会回馈你荣誉和适度的便利。现实中已有"时间银行"试验表明，给予志愿服务时间以"时间币"形式的认可，能吸引许多原本从未参与过志愿的人加入。在超级城邦，更完善的奉献账户将把每个人零散的善举汇聚，成为推动社会前进的隐形动力。

自由奉献与多元价值创造：有了物质保障和制度激励，公民可以更自由地选择自己喜欢的方式为社会作贡献。许多人可能超出义务要求，自愿投入更多时间在照护、艺术、教育等领域，因为他们从中获得精神满足和社会认同。在未来城市，我们或许可以看到这样的景象：

- 年轻的父母在照顾自己孩子之外，自发组织社区幼儿托管互助，小区里孩子集中由家长轮流看管，其他时间这些父母则回到职场安心工作。社区给予这些积极参与公共育儿的父母额外的积分奖励和育儿津贴，形成良性循环。

- 退休的老人们组建"城市讲师团"，定期到学校和社区大学义务授课，传授他们在工程、历史、手工艺等领域的经验。城市奉献账户为每位老讲师记录服务时间，并给予公共交通免费乘车等回馈。这些老人在贡献中找到了价值感，晚年生活更加丰富充实，学员们也从长者智慧中受益。

- 艺术家和创意人士得到社会的尊重与支持。由于基本生活有保障，他们可以大胆从事非商业化的艺术创作或公共艺术项目，比如为社区创作壁画、美化街角公共空间等。市民通过数字平台为这些项目点赞捐助，城市根据人们的反馈和奉献账户记录给予艺术家一定奖金或提供专业资源。艺术创作不再被功利束缚，城市也因这些自由的创造力而更具魅力。

- 在医疗和照护方面，除了专业人员，很多普通公民也参与进来。通过短期培训，人们可以轮班担任"邻里照护员"，帮助高龄独居老人买菜做饭、陪伴聊天。每个志愿照护员服务一个晚上，第二天机器人接班，他们既完成了义务也收获了邻里的感激和自身的成就感。

通过这些自由的奉献，公民将劳动视为一种对共同体的回馈和对自我的提升。劳动的新范式淡化了雇佣关系的刚性，取而代之的是公民与社会之间更柔性的纽带：每个人都在被社会支持的同时，也以某种方式反哺社会。这种"双向奉献"的关系使社会更加和谐和有机，公民彼此更加团结。毕竟，当所有人都知道自己既是受益者又是贡献者时，就更会珍惜共同体的福祉，努力让它更好。

激发全民潜能：最终，这种劳动观念的重塑将释放出巨大的社会潜能。过去，多少人才埋没于生计压力之下，不得不放弃理想投入流水线或机械化办公；而在超级城邦，多元支持下人人有机会追寻自身潜能。有人选择科研，攻克难题造福社会；有人选择社会企业，专注帮助弱势群体；有人选择文化体育，让市民精神生活更加丰富。每个人都在自己热爱的领域发光发热，不再被"养家糊口"羁绊手脚。整座城市变成了一个潜能孵化器，各种天赋和创意如百花齐放。这与本书之前提出的成功社会标准高度契合：全民潜能在此得到最大程度发挥。当劳动不再只是苦役，而成为发挥才能、贡献社会的载体时，公民的精神面貌和社会活力将大为不同——创新将层出不穷，互助蔚然成风，一个可持续、开放、多元、民主的自由社会由此诞生。这是超级城邦的人文理想，也是科技解放生产力后，人类文明进步的应有之义。

数字公共空间与共识机制

在传统城市中，公共决策往往依赖每隔几年一次的选举投票和代议制议会，公民参与度有限且过程迟缓。而在未来的超级城邦，数字技术和人工智能将彻底变革民主的实践方式，催生出一个全新的数字公共空间和共识孵化机制。在这里，市民不再是被动的旁观者，而可以随时随地就城市议题发表意见、讨论协商；人工智能则扮演智慧助手的角色，汇总民意、发现共识并辅助决策。结果是治理过程更加包容、高效，城市运转能够快速试错、不断优化。这种分布式治理模式摒弃了旧有的官僚僵化，以一种动态演化的方式实现真正的人民自治。

数字公共广场：超级城邦将建立一个线上线下融合的数字公共广场。线上，有功能强大的市民参与平台，每个市民通过实名数字身份登录后，可以浏览当前所有公共议题、政策提案，参与讨论或发起新的提案。线下，在社区中心、城市客厅等公共场所设置沉浸式投影屏或VR会议室，方便不擅长网络的居民参与讨论，或者让大家面对面交流的过程也能被数字系统采集整合。这个公共广场几乎全年无休、全天候运转，让民主参与变成日常生活的一部分，而非四年一次的狂欢。更重要的是，它提供了多维度的意见表达渠道，超越了简单的赞成/反对投票：

- 市民可以对提案发表详细评论、建议修改，还可以上传数据、资料佐证自己的观点。平台支持长文论证和简短投票并存，满足不同参与程度的需求。

- 除了投票表态（赞成或反对），平台引入多选项偏好投票、信号投票等机制。例如在预算分配议题上，公民可对不同选项分配"虚拟币"表示倾向权重，而不仅仅选一个方案。这使决策者了解公众在不同选项上的强烈程度，而非只有简单多数/少数的信息。

- 平台设置头脑风暴区和提案孵化器，允许市民提出尚不成熟的想法，由其他人补充完善，甚至附加投票让社区帮忙选择更优方案。通过这种协作，一个原本零散的点子可能演化为完整提案。

- 对于争议话题，引入协同编辑和对话模式：让持不同立场的市民代表在AI引导下共同编辑一份提案，AI实时提示哪些措辞可能引发误解、双方的共同关注点在哪里，从而促使立场对立者找到最大公约数。

AI辅助共识聚合：面对海量的民意数据和讨论内容，人力往往难以及时梳理。为此，人工智能成为数字民主的强大助手，扮演"共识孵化器"的角色。具体而言，AI利用自然语言处理和群体分析，对市民反馈的数据进行实时整理和提炼：

- 舆情聚类和可视化：类似台湾vTaiwan平台上Polis系统的做法，AI会将市民的评论和投票模式进行聚类分析，找出观点相近的人群和分歧点，并以图形化的方式呈现。例如，不同立场的市民将被表示为不同颜色的点云，AI不断寻找那些跨越群体也获得普遍支持的评论，将其突出显示。这样一来，原本嘈杂纷繁的讨论逐渐显现结构：我们能直观看到哪些主张是高度共识，哪些是存在争议。

- 消除噪音和对抗：AI算法还会过滤掉明显的恶意内容、灌水和人身攻击，降低讨论的噪音。平台不设直接互怼式的回复功能，而由AI汇总意见后呈现，这避免了网上论坛常见的谩骂和无意义争执，营造理性建设性的讨论氛围。当有人发表极端或无建设性的观点，AI可能不会重点推送给其他用户，而只保留在原作者个人视图中，从而"温和地"淡化极端声音对整个讨论的干扰。这种设计确保公共议题讨论有序、有据，民众意见能够被冷静倾听而不被情绪噪音淹没。

- 提炼共识方案：随着讨论的深入，AI会尝试从众多观点中提炼出几个可行方案。它会综合考虑支持率、不同群体的意见融合，以及专家提供的依据，生成几个备选方案的概要。例如，在"是否建设新公园"议题中，AI可能总结出："方案A：立即兴建大公园，资金来源提高物业税；方案B：分期建设小型绿地网络，不增加税收；方案C：暂不建设，优先改善现有公园设施"等，并标注每个方案得到的支持比例和主要支持/反对理由。接着，平台进入二次反馈阶段，将这些概要方案推送给市民，请大家针对方案本身再投票和评论。通过这一循环，很多讨论议题都会在公民之间自行趋向某个"粗略共识"。所谓粗略共识，即大多数人都能接受的折中方案，可能并不是所有人最初提议的，但经过讨论妥协而形成。实践证明，这种由下而上的共识凝聚远比简单投票更能让群体满意。

- 快速决策与试错：当AI检测到某议题上出现明确的多数共识，而且反对者很少并提出的顾虑已在方案中调整考虑，那么系统将标记该议题"成熟可决"，提示政府或相关决策机构可以付诸实施了。有些涉及立法或重大投资的议题，仍需经过模拟和专业论证，此时AI会自动将共识方案提交给议会或专家委员会，并附上详尽的民意分析报告供参考。而对于可以小范围试行的政策，城市可以直接授权进行试点实验：例如某街区居民高度支持在夜市街实行无人车禁行区以提升安全且大多数人同意试行，那么交通管理AI会在该街区先执行一段时间，收集数据评估效果。如果试错结果表明利大于弊，再立法推广到全市；若出现未料问题，则根据反馈迅速调整方案或中止。这种快速试错机制使城市治理更具弹性和创新性，不至于因为害怕犯错而裹足不前。数字技术让试点成本大为降低（许多政策甚至可先在数字孪生城市中模拟），民众也愿意给予新的公共创意一个尝试机会，因为整个过程透明可见。

分布式治理与协同决策：超级城邦的数字民主不仅体现在市民与政府之间，更体现在各层级社区的自治和协同上。数字平台按议题和地域划分不同治理单元：例如全市性的议题由全体市民参与决策；区级事务由该区居民讨论决定；街道和社区层面的小事则由当地居民自主管理。平台会将相应议题自动推送给相关人群，防止无关信息过载。这样做实现了权力下沉：大量民生琐事在基层就解决，无需层层上报。同时，不同社区的数字议事空间又彼此连接，经验可共享：如果一个社区试行的新规矩（比如垃圾分类方式）效果好，可以很快被别处借鉴。城市也会通过平台举办"全民提案日"或"协商大会"，在关键的发展规划或年度预算上，让各社区推选代表举行线上议会，AI实时翻译各地方言和语言，让不同背景的人能顺畅交流，形成全局视野的决策。

区块链等技术也可运用于此，保障投票的可信度和过程公开。重要表决可以使用区块链电子投票，每票匿名可验，防止篡改。公民甚至可以将自己的部分投票权委托给信任的专家或代表（即液态民主思想），在自己不擅长的议题上委由他人投票，同时保留随时收回的权利。这些机制使得民主既直接又灵活：人人都有参与通道，但也可以选择信任代理，确保决策质量。

共识的文化：随着数字民主实践深入，人们逐渐形成一种"共识文化"。社会舆论不再狂热追求对立面的击败，而更强调通过对话寻求最大公约数。学校教育中开始教授协商技巧和批判性思维，培养下一代成为理性的参与者而非偏激的粉丝。对于政府来说，角色也在转变——官员更像是协调人和执行者，他们通过平台聆听民意、解释专业约束，并负责落实大家达成的决策，而不再是高高在上的命令者。在这种氛围下，市民对政府的信任提高，因为决策是自己参与塑造的；政府对市民的信任也提高，因为数字身份实名制和公开讨论让水军操纵和无责任批评难以立足。治理成为真正的合作事业，公民与治理者界限模糊，形成一种现代"城邦"意义上的自治精神。

通过AI赋能的数字公共空间，超级城邦实现了前所未有的民主深度和广度：民主不再是周期性的事件，而是持续的过程。科技让千万人协商一事成为可能，AI保证了效率和理性，公民保证了公正和多元。这样高度的民主参与进一步增强了城市的凝聚力和创新力。每个市民都真切感到自己是城市的主人翁而非被管理的对象。当重大抉择凝聚了集体智慧，当普通人也能影响城市未来，这座超级城邦无疑将迸发出惊人的活力和创造力，正如21世纪对民主理想的全新诠释。

城市节律与文化生命

超级城邦不仅在物质和治理上臻于理想，更将焕发出独特的城市节律与文化生命力。高科技赋予城市前所未有的感知与调节能力，使城市仿佛拥有了"智慧心脏"和"情感温度"：城市能够体察市民情绪和社会行为的变化，适时调整自身的运转节奏、公共氛围和文化活动，让钢筋水泥的都市空间变得如有生命般灵动。情感计算（Affective Computing）和智能调控技术的引入，使未来的城市日历、作息时间乃至节庆活动都不再僵化，而是可以自适应地优化，服务于市民的心理健康和文化认同。在这一章，我们展望超级城邦如何打造自己的城市性格、公共仪式与叙事，在技术高度发达的同时，依然保持浓厚的人情味和文化温度。

自适应城市日历：传统社会中，工作日与假期安排固定，而超级城邦将引入"自适应日历"概念，根据全年不同时段的实际情况和市民身心需要动态调整作息与假日。借助对经济运行数据、健康数据和情绪反馈的实时分析，AI可以建议最佳的休息与工作节奏。例如，若监测到某段时期城市劳动生产率持续偏高但搜索焦虑抑郁关键词的人数也在上升，表明市民可能过于紧张劳累，则政府可以临时增加一个"城市心灵假日"：让全民放假一天进行休整，举办丰富多彩的文娱活动给大家减压。相反，如果因为连绵阴雨导致大家情绪低落、户外活动锐减，则城市可能将原定的某些公共假期延后到阳光明媚的时节，以便市民更好地享受。又比如，在某些传统节日和现代生活节奏冲突时（如中秋节后紧接工作日造成远途返乡困难），日历可以灵活地调休拼假，优化长假安排。AI日历助理将自动为每个人更新这些动态假期，并调整公共服务时间表。这种弹性安排体现了城市以人为本的理念：不再让市民被冷冰冰的日历绑架，而是让日历适应人们的生活韵律。

动态工作制与节奏优化：不仅假期，日常的工作制度也将更富弹性和针对性。超级城邦可能推行"动态工作制"：不同职业、不同个体可以选择符合自身效率曲线的工作时间。AI会帮企业和个人找到兼顾生产力与员工福祉的最佳方案。例如，对于创造性岗位，AI分析发现员工在下午比上午更高产，则公司可调整为下午上班、上午休息的制度；对于服务行业，则根据人流预测动态排班，让员工在繁忙时多上班、闲时多休假，既提高效率又避免无谓消耗。在城市层面，政府通过调控公共部门和学校的作息，可以错峰减轻交通压力。例如弹性安排学校上学时间，使家长通勤错开高峰。这一切都有赖于AI对全城活动模式的学习和预测，并不断试错纠偏找到最佳节奏组合。长远来看，也许每个人都会有量身定制的"作息标签"，城市基于此将公共资源（如电力、交通）精细调度，使城之所动契合人之所需。城市节律因此变得更趋于科学和健康：既保障了经济效率，又优化了市民的生活节奏和身心平衡。

情感感知与氛围调节：超级城邦配备了遍布全城的情感和行为传感网络：可能包括社交媒体情绪分析、匿名的可穿戴设备健康数据汇总、公共场所摄像头的人群表情/肢体语言分析（注重隐私，仅作总体统计）

等。通过这些数据，城市AI可以绘制出某种"城市情绪指数"或"幸福温度计"，实时了解市民的整体情绪走向。一旦发现显著的异常（比如突发事件造成广泛悲伤，或重大胜利带来集体兴奋），城市会适时调整自身的"表情"和"呼吸"。例如：

- 在公共安全危机或悲剧事件后，城市会自动进入"关怀模式"：室外电子屏幕播放温馨鼓励的标语或艺术画作，地标建筑熄灭商业广告改为柔和纯色灯光以示哀悼，广播系统播放舒缓平静的音乐缓解人们的焦虑。公园、博物馆等公共空间延长开放时间，让市民有地方疗愈心情、彼此扶持。政府部门社交账号由AI生成暖心推文，提供心理援助热线等资源的信息。这种氛围调节相当于城市在用自己的方式安抚受伤的居民，传递出人性化的关怀。

- 反之，当有值得全城庆祝的喜事，如体育冠军、科技突破之类，城市会切换到"欢乐模式"：夜晚建筑群亮起节日彩灯，主干道悬挂动态贺banner，城市AI推送消息邀请大家走出家门参加广场派对或烟花秀。根据市民自愿上传的笑脸照，AI在大屏幕上生成实时笑脸拼图展示"城市的笑容"。这种集体欢腾时刻增强了公共仪式感和共同记忆，让城市充满生命的律动。

更常态的情感调节每天都在发生。研究表明，不同的照明和景观对人的心理有显著影响。超级城邦将利用智慧照明系统根据时间和情绪指数调整城市光影氛围：黎明时分，逐渐调高街区光照色温帮助人们清醒；中午办公区的灯光冷色调提高专注度；傍晚住宅区灯光转为暖黄色放松心情；深夜则降低整体亮度减少光污染助睡眠。此外，城市可能部署环境音乐装置，在地铁站、地下通道这些压力较大的空间轻播舒缓音乐或自然声音，缓解人们紧张情绪。甚至街道两侧绿植的实时释放的香氛也可智能控制——在炎热天释放薄荷清香提神，在阴郁天飘出花香愉悦心情。这些细微之处的调节都由AI根据全天候数据自动执行，仿佛城市具备了"第六感"，能够读懂居民的喜怒哀乐并做出回应。正如有研究在校园环境中发现的那样，良好的光环境和景观能够有效提升人的情绪和恢复力；那么，一个会"察言观色"的城市无疑能带给市民更加舒心的生活体验。

城市性格与身份认同：一座城市在长期发展中会形成独特的文化性格和市民认同。超级城邦通过AI和市民共创，塑造并传承城市的性格与故事。人工智能可以担任城市文化的"档案馆长"和"创意总监"角色。它持续收集城市发生的大小故事、影像、个人回忆，并通过自然语言处理和生成模型，将这些素材加工成城市叙事的一部分。例如，每年AI都会自动编撰一本《城市年鉴》，内容由市民贡献（上传照片、讲述经历）和公共事件记录组成，AI润色成文，既有数据也有温情故事，免费发放给市民。这让每个人都看到自己与城市历史的连接，加深认同。

在公共艺术方面，AI可以根据城市的历史与当代元素，提出创意融合方案。例如某城市既有古老传统又引领科技前沿，AI可能建议以增强现实AR艺术的形式呈现：在历史街区通过AR看到昔日人文故事场景再现，而在创新园区则可以用AR体验未来科幻艺术。 一些前沿实践已经尝试用AI重新演绎文化遗产与现代设计的融合。超级城邦会把这样的创意落实为大型公共艺术项目，让传统与现代、水泥与光影在城市空间对话，形成独特的城市美学风格。例如城市中央广场的AI互动雕塑，白天呈现传统人物形象，夜晚则变幻为数据流光雕投影，象征历史与未来的融合。

公共仪式与AI共创：城市的公共仪式（如节庆、纪念活动）对凝聚共同体有重要作用。超级城邦不会取消这些仪式感，反而通过AI和公民协作，让它们更丰富多彩并与时俱进。举几个可能的场景：

- AI节日策划师：每逢大型节庆之前，城市AI会先根据往年经验和今年的新趋势生成几个活动方案，包括主题、节目、布景等，然后提交给市民在数字平台上讨论投票。市民也可自由贡献创意点子，AI实时将好点子加入方案并评估可行性。最终敲定的节庆方案融入了AI的大数据洞察和市民的奇思妙想，最大程度符合大众口味。例如某年中秋，AI根据市民上传的童年记忆提炼出"童趣"为主题，设计了无人机灯笼游行、儿童机器人戏剧表演等创意节目，经投票大受欢迎，于是城市按此执行，节日好评如潮。

- 个性化参与：仪式不再只是少数人表演多数人观看。借助数字平台，每个市民都可以参与创造。比如城市生日庆典时，AI征集一句话祝福语，全民上传，随后在广场灯幕上流水播放全城的祝福留言，最后AI将所有留言汇聚分析生成一首特别的"城市颂诗"当众朗诵。这种共创仪式让每个人都成为庆典的一部分。又如年度城市音乐会，AI根据市民平时音乐收听数据挑选曲目、邀约当地素人音乐人登台，实现"我们城市自己的音乐现场"。

- 新仪式的诞生：AI还有助于发明全新的城市仪式和传统。例如，AI团队与人类文化学者合作，已开始尝试利用大模型为团队和社区共同设计新的仪式。未来，也许城市会有AI策划的年度"感恩日"——那天AI会生成每个市民一段他过去一年对社区的贡献列表，让大家互相道谢，培养感恩文化。或者每月一次的"对话夜"，城市AI引导居民跨社区随机视频聊天，增进了解。这些新仪式经由AI孵化、市民共创，如果受欢迎便会固定下来成为传统。人类历史上的许多节日最初也是自发的习俗，超级城邦只是用更智慧的方式加速了新习俗的形成。

- AI市民与城市人格：一个充满想象的场景是，未来城市或许会塑造出自己的"AI市民"或虚拟形象，作为整座城市的拟人化代表，与人类市民互动。这不再只是冰冷的聊天机器人，而可能是在城市数据和集体记忆基础上训练出的城市人格AI。它了解城市的过去与现在，能够以人格化的方式和市民对话、讲述城市故事、听取心声反馈。比如"城小明"是这座城邦的AI化身，它每天早晨通过广播或播客和大家说"早安"，汇报城市昨天发生的好人好事、新鲜见闻，就像一个贴心的朋友。遇到重大抉择，"城小明"可以用通俗语言向市民解释利弊、不同群体的关切点，因为它记载了所有讨论，能扮演公正的"说明员"。节庆时，它又变成"司仪"，串联节目、调动气氛。城市人格AI的存在，为冰冷的城市注入了一种拟人的魅力——市民会觉得这座城市是活的、有性格的，有一个和蔼可亲的"灵魂"。当然，这样的AI必须经过伦理审查，确保不给予其实质决策权，定位是服务和沟通。然而，其带来的心理认同感可能是巨大的：当城市可以与你对话、倾听你的意见时，你怎能不更加热爱这座城市呢？

多元文化与认同叙事：超级城邦往往人口多元、移民众多，如何构建共同的身份认同？AI也许能帮上忙。通过分析不同族群的文化习俗和节日，城市可以制定包容性的公共活动日历：尊重各族群的重要节庆并进行全城庆祝，让每个人都感受到自己的文化被看见。同时，AI善于讲故事的本领可以用来编织"城市故事"：即融合多元文化元素的城市起源传说、价值观宣言。比如AI可能将不同社区的传奇人物事迹改编成连续的故事，在学校和媒体传播，潜移默化地培养出对城市共同历史的认同。总之，科技将作为文化策划者和传播者的助手，帮助城市居民找到情感上的共同纽带，超越族群和年龄差异。经过这样的长期孕育，超级城邦将不仅是一系列制度和建筑的集合，而且会成长出独特的"城市精神"——一种所有市民共同拥有、世代传承的价值观与归属感。

从自适应日历、动态节奏，到情感氛围调节、公共仪式共创，超级城邦展示出未来城市的人文关怀与智慧。当夜幕降临，全城灯光随音乐韵律闪耀，市民在AI筹办的节庆中欢笑；当清晨到来，城市又以轻柔的光线和问候开启新的一天。科技在这里并不冰冷，相反，它成为传递关怀与创造文化的载体。城市有了性格，有了温度，能和每个生活其中的人形成情感连接。这种高度融合的技术与人文景象，正是超级城邦区别于一般未来都市的关键：它不仅高效繁荣，更让人感到幸福、有归属。人们安居乐业，城市生生不息，技术进步与人文温度在此完美相融，一起奏响未来文明的华美乐章。

8

第八章 超级城邦不是乌托邦：破解现实难题的关键路径

"未来属于那些相信自己梦想之美的人。"

— 埃莉诺·罗斯福 (ELEANOR ROOSEVELT，美国前第一夫
人)

理想正在变为现实

来到全书的尾声，我们再次聚焦"超级城邦"这一未来社会构想。这个理念乍听之下也许极为超前，甚至带有几分乌托邦的色彩。然而，本章开宗明义地宣告：超级城邦并非遥不可及的幻想，而是数字技术与制度革新协同演进的必然结果。种种趋势显示，一种超越传统国家范式的新型社会组织形式正在孕育，并为破解现实世界的诸多难题提供可行路径。

回顾当今现实，我们看到人工智能、区块链、虚拟现实等技术日新月异，同时个人意识觉醒、自治组织萌芽、全球协作需求高涨。技术神话照进尘世，但旧有制度往往无力承载这股洪流，社会治理面临前所未有的挑战与机遇。在此背景下，"超级城邦"作为愿景横空出世，它并非空中楼阁，而是一幅正在展开的未来蓝图。

为了让这一蓝图更为生动可信，本章将不再罗列现有国家或城市的案例，而是以愿景化的语言描绘未来社会的七大关键维度。从人工智能如何成为人类的协作伙伴，到数字空间如何成为人类活动的新主场；从全球劳动力数字流动带来的新型工作形态，到多中心自治的治理范式革命；从全新的数字身份与社群归属体系，到教育与医疗的智能化、个性化变革；再到未来城市作为制度平台的全新定义。通过这些方面的展望，我们将看到一个"超级城邦"社会的雏形如何徐徐成形。接下来，就让我们走进这场充满画面感的未来之旅。

AI赋能：增强人而非取代人

在未来的超级城邦社会中，人工智能不再是对人类的威胁或取代者，而是每个人不可或缺的协作伙伴和认知助手。AI技术被设计为"增强人而非取代人"，它将人类的能力拓展到前所未有的高度。试想一个早晨，您的个人AI伴侣已经为您准备好一天的计划：根据您昨夜的睡眠数据和健康指标，它贴心地调整了今日行程和饮食建议；在您醒来时，它用轻柔的语调汇报全球最新资讯和您关心社区的动态。这个AI就像您的管家、参谋和朋友，它具备高度个性化的学习与适应能力，深谙您的偏好与目标。

教育领域，AI成为专属导师，为每个个体打造定制化的"个体潜能放大工程"。传统流水线式的教育被颠覆，每个人都拥有由AI根据其兴趣和天赋设计的个性化学习路径。孩童时期，AI导师通过观察孩子的行为和反馈动态调整教学策略，寓教于乐地激发他们的好奇心；成年后，AI继续担任终身学习的教练，实时更新课程内容，确保公民的技能与知识体系始终跟上时代前沿。不仅如此，AI还能为学习者搭建心智加速网格：当某人钻研一门新技能时，AI网络可以即时从全球数据库中提取相关知识、案例与模拟环境，供学习者沉浸式体验。这种学习如虎添翼——复杂的概念变得直观可感，浩瀚的信息经过AI筛选浓缩后源源不断地传递到人类大脑。AI让每个人都可以比以往更快地掌握新本领，释放出前所未有的创造力。

生产与工作中，AI扮演的是智慧同事和创意合伙人的角色。在未来工厂与工作坊里，人类与AI协同创作、共同决策。AI助手可以代劳繁琐重复的体力或脑力劳动，让人类专注于最具创造性和判断力的环节。例如，在设计一款新产品时，AI即时提供海量方案供设计师参考，并基于前沿数据预测每种方案的可能效果；在工程施工中，AI机器人承担高危或精细操作，而人类工程师通过全息界面监督、调整，确保最终成果既高效又富有人性温度。每个人都拥有一个随身的AI"同事"，无论是在办公室、工作站还是户外现场，这位AI都如影随形地提供支持。它帮助程序员自动生成常规代码，让程序员腾出精力构思架构和创新功能；它帮助医生快速筛查海量医疗数据，提出诊断建议供医生参考，从而提高医疗决策的准确性。AI不是在抢走岗位，而是在重塑岗位：它让每个职业都发生质变，简单可重复的任务由AI完成，而人类则承担更高层次、更具社会价值的职责。

日常生活与情感领域，AI化身为体贴入微的数字伙伴，关注着人类的心理健康与情感需求。未来，人们可以拥有AI朋友、AI心理咨询师，甚至AI艺术创作伙伴。当您情绪低落时，AI理解您的心情，可能会用您最喜欢的音乐和温暖的话语开导您；当您孑然一身时，AI陪您聊天逗趣，分享您关心的话题，使数字生活充满温度。在社区治理中，AI亦是公民的重要助手：它会为您解读复杂的政策提案，模拟不同决策对您所在社区的影响，帮助您充分理解后再参与投票决策。可以说，AI成为公民智慧的乘法器，每个人都因为有了AI的协助而成为"增强的个人"。

在这种人机共生的未来社会，"AI赋能人类"的理念深入人心。人们视AI如同空气和水一样自然——看不见却无处不在地支持着人类。从教育到生产、从决策到情感，AI将人类从繁重琐碎中解放，同时扩大了人类能力的边界。取代的恐惧逐渐消散，取而代之的是一种前所未有的安心感和掌控感：每个人都知道，自己并不孤军奋战，有强大的AI伙伴时刻支持；每个人也明白，科技的最终目的不是制造冷冰冰的自动化，而是培育一场人与AI协同进化的宏大文明。

数字空间：未来人类的新主舞台

随着技术的发展，未来人类的大部分活动将由物理世界转向广袤的数字空间。数字空间正以爆炸式的增长成为社会运行的主舞台，在那里，人们学习、工作、社交、娱乐，甚至参与治理和构建全新的虚拟社区与身份。我们可以描绘这样一幅图景：当清晨的阳光洒进房间，年轻的公民戴上轻巧的全息眼镜，眼前便浮现出繁华的数字城市街景——这是他所在"网络城邦"的主广场，来自世界各地的好友化身数字avatar正向他打招呼，一场跨越时空的协作即将开始。

在这个数字空间里，基础设施高度发达且无处不在。全球高速量子网络将地球每个角落连为一体，VR（虚拟现实）、AR（增强现实）和脑机接口等技术让数字世界与现实世界无缝融合。人们行走在街头，肉眼看到的是公园绿树，而AR眼镜叠加的信息层则显示出附近数字社区的互动留言板和虚拟雕塑展览。孩子们在自家客厅中，通过全息投影进入了一座宏伟的虚拟图书馆，与世界各地的小伙伴一起听AI老师讲授天文知识。工程师们则可以身临其境地漫游数字化的工厂车间，对全球分布的生产线进行监控和调整。数字空间不再是隔绝于现实的"赛博空间"，而是现实的延伸与拓展——它是人类活动的主要舞台，又通过无处不在的感测设备与现实环境实时联通，形成虚实融合的生存景观。

在数字空间中，人类建立起全新的规则与秩序。由于突破了地域限制，人们开始探索适用于全球化虚拟社区的行为准则和治理框架。在未来的虚拟社区中，可能诞生"数字公约"，由社区成员共同制定一套数字空间的行为规范和权利义务清单。每个人的数字身份都经过加密验证，确保在虚拟交往中身份可信且行为可追溯，同时个人数据和隐私由严格的协议保护，不受未经授权的窥探。AI在其中扮演公正无私的仲裁者角色：

当社区成员发生纠纷时，智能合约自动执行预先约定的规则；当出现新情况需要制定规则时，AI会根据大数据分析不同提议的影响，帮助成员快速达成共识。可以想象，一个"共识孵化器"平台在数字空间中广为使用——它结合群体智慧与AI建议，引导成千上万来自不同文化的人高效讨论、修改并投票，通过新规则或决策。这种共识形成机制极大降低了大规模协作的成本，使得即便社区横跨全球，各方也能在数字空间里实现理性互动和高效治理。

与此同时，数字空间孕育出丰富多元的文化与精神归属。过去，文化往往受地理和民族局限，而在网络城邦时代，全新的数字文化雨后春笋般涌现。可能出现各式各样的虚拟节日和纪念日：例如，庆祝某个全球开源协作项目成功的"代码自由日"，纪念人工智能先驱贡献的"AI纪念日"等。这些新兴的节庆为数字公民提供了情感纽带，强化了社区认同。不同虚拟社区发展出自己的独特美学风格和价值观：有的社区崇尚极简主义的赛博美学，建筑和Avatar设计风格冷峻前卫；有的社区则重视自然和谐，在数字空间中大量模拟植物、河流等意象，营造恬静放松的氛围。更有甚者，一些数字宗教或信仰在虚拟空间诞生——它们未必崇拜超自然，而是将人类对科技与未来的共同信念升华为仪式和象征，比如定期举办"升级礼"，象征自我超越与社区进步。数字空间因此不仅是工作的场所，更是心灵的家园。许多人发现，自己对某个网络社区的归属感甚至超过对出生地的归属，因为那里有志同道合的朋友、有认同自己的文化。在数字空间，人类找到了新的精神归属：一种基于共同兴趣、价值和追求的纽带，跨越了语言、种族和地理的藩篱。

数字空间成为主舞台，带来的不仅是便利和高效，更是一场人类文明生活方式的跃迁。在这个舞台上，每个人都可以突破肉身局限，化身为更丰富多面的"数字自我"；每个社区也可以自由创造前所未有的制度尝试和文化实践。现实中的资源匮乏、空间受限在数字世界被极大缓解，人类的创造力和协作力在虚拟宇宙中成倍放大。这正是超级城邦时代的重要特征：物理的城市疆界渐渐失去束缚力，而数字空间中的城邦网络却无比繁荣，成为人类社会运转的核心场域。

劳动力的全球数字流动与新型工作形态

未来的超级城邦时代，将见证劳动力以前所未有的方式进行全球数字流动，催生出全新的工作形态和社会结构。当资本和信息早已实现全球畅行，人类劳动力也终于突破地理疆界，在数字空间中自由协作、创造价值。那时，一个身处偏远山村的年轻人可能同时为北美的一家设计公司、欧洲的一个科研团队和亚洲的一个创业项目远程工作。他清晨醒来先参加欧洲团队的在线会议，下午设计美国公司的新产品界面，夜晚则与亚洲伙伴讨论创业计划。地理位置不再是决定职业机会的铁篱笆，数字身份与技能信誉成为新的通行证，全世界都是他的职场舞台。

要实现这样的全球协作，关键在于建立起可信且高效的数字劳工制度。首先，每个人都将拥有一个全球通用的数字身份，记录着他的技能、资历、信誉评价等信息。这可以想象为一个"数字身份云链"，将教育认证、职业成就、项目评价等数据加密存储在区块链上，由个人自主掌控授权。雇主在这个链上发布招募任务，全球任意角落的合适人才都能通过匹配算法发现这些机会，并用自己的数字身份来应征。签约与合作通过智能合约完成。劳动合同被编写为代码，一旦双方确认，智能合约便自动执行项目流程：从任务进度跟踪到里程碑验收，再到按期支付薪酬，整个过程公开透明、不可篡改。这种跨国协作的信任网络彻底改变了传统雇佣关系的形态。陌生人之间无需反复背调或中介担保，仅凭数字身份的信誉背书和智能合约的技术保障，就可以放心地建立合作关系。

在这种环境下，新型的工作形态层出不穷。首先是远程办公的常态化与高级化。今天的远程工作更多局限于简单任务，而未来，在全息视频会议、虚拟现实协作平台的加持下，复杂工作也能远程完成。建筑团队可以在线协同设计摩天楼，医生可以通过远程操作台为万里之外的患者实施手术，教师可以同时面向不同大陆的学生授课而无延迟。远程工作的普及让"数字游民"不再只是极客少数，而成为大众选择。很多人将一生中不同阶段居住在不同地方，但职业生涯却丝毫不受迁移影响，因为无论身处何处都能接单、就业。有人选择一年换一个城市生活，体验各地文化；有人干脆定居风景秀丽的乡村，远程服务国际公司——生活品质和职业机会两者兼得。

其次，扁平化的全球协作团队将大量涌现。过去跨国公司主要在几个总部城市集中人才，而未来则会出现大量分布式团队：一个项目小组的成员可能横跨24个时区、不同时段连续工作，真正实现"太阳永不落"的开发进程。团队管理也更加去中心化，许多团队采用DAO（去中心化自治组织）模式运作——没有固定的老板，由所有成员共议决策、共享收益。项目的股权和收益通过代币方式分配，贡献多的人获得更多回报，实现利益与贡献紧密绑定。这种模式激励了全球范围的专业人士以合同工、顾问、自由职业者等身份参与各类项目，而不必固守于单一雇主。个人可以同时参与多个DAO项目，扮演不同角色，如同投资组合一般分散自己的技能和精力，以获取多元的回报和成长。

再次，传统的社保与福利体系也将随之变革为全球化、个人化的模式。当人们频繁跨国工作和生活，原先基于国家或企业的社保体系难以覆盖一生所需。未来的超级城邦社会中，每个人都有一个贯穿终生、跨域通行的数字社保账户。无论你在哪个城市、为哪家公司工作，你和雇主都可以向同一个数字社保账户缴费。这些账户由一种全球互认的信托机制管理，确保无论个人如何流动，养老、医疗等权益始终累积并可在需要时支取。举例来说，一个人在亚洲工作几年积累了一定养老点数，后来迁移到其他数字城邦，这些点数依然属于他，可以在全球范围的指定机构兑换成当地养老服务或资金。这种设计避免了"福利断裂"，让人们敢于大胆追求跨国机会而无后顾之忧。

最后，薪酬支付与货币体系也相应实现数字化和全球融合。数字空间中的劳务报酬往往采用数字货币或加密通证形式即时结算。比如一个自由开发者完成了一项软件功能，他的智能合约立刻释放约定的代币奖励，这些代币可以在全球范围内通用，实时兑换成任何所需的等值货币。这种无摩擦的支付体系减少了货币兑换、跨境汇款的繁琐，使得全球协作像本地合作一样顺畅。更有甚者，一些超级城邦可能发行自己的数字货币，用于奖励对社区有突出贡献的成员，形成价值共创共享的激励循环。

综上所述，未来劳动力将通过数字身份与信任技术在全球范围自由流动，催生出远程协作、分布式团队、个人多职业组合等新型工作形态。人才将不再扎堆少数几个国家或城市，而是在数字城邦网络中各展所长。机会的大门向每一位有才华和诚信的人敞开，无论他出生于繁华都市还是偏远乡野，都可以凭借一根网线与一身本领，在世界舞台上施展才华。劳动力全球数字流动带来的正是机会和财富更均衡的分布，也将极大缓解当今世界因地域限制导致的人才浪费和发展不平衡现象。

治理范式的突破：从主权国家到多中心自治

超级城邦时代的到来不仅是技术和经济层面的转变，更意味着治理范式的根本突破。传统上，人类社会以主权国家为基本治理单位，由中央集权政府制定和执行政策。然而在未来，技术赋能个人和城市，促使治理从单一的金字塔结构转向多中心的网络结构。自治的城市、社区、公社如雨后春笋般出现，它们各自制定规则、管理事务，同时通过全球网络协作，形成一个松散而强韧的治理网。

在这个新范式下，自治城邦和自治社区成为承载治理的基本单元。每个城邦都可以被视为一个独立而互联的"节点"，它拥有自己的自治权和治理结构，为成员提供公共服务和秩序维护。与传统国家自上而下的科层体系不同，城邦内部强调公民参与和扁平化决策。城邦居民通过数字民主平台直接行使权力：社区重大事项上链公投、预算由公民共同决定、法律由公民代表与AI辅助起草。治理的过程更像一个开放的论坛，而非封闭的议会。正如前述数字空间里提到的"共识孵化器"，城邦治理中大量运用了此类机制。AI汇总民意并提出多种折衷方案，公民在线讨论修正，最终投票定夺。AI与公民共同治理成为常态——AI在这里扮演的是勤勉的"公务助理"角色，它7×24小时不知疲倦地分析数据、监测城市运行、寻找改进空间，并将信息及时反馈给人类决策者；人类则发挥价值判断和创造力，设定城市发展的愿景，做出最终选择。

多中心治理并不意味着各自治单元各自为政、互不相关。相反，它们构成了一个彼此关联的网络化秩序。不同城邦之间通过协议和契约形成联盟、共享资源，甚至可能建立起新的"城邦联盟议会"来协调跨城邦的事务。例如，若干环保理念相近的生态城邦可能签订一份"绿色公约"，共同执行严格的碳排放标准，并通过数字平台分享新能源技术和环境监测数据；多个科技创新城邦则也许成立"知识互惠网络"，约定开放各自的教育与研究资源库，实现人才和知识的自由流动。这样的横向合作网络取代了过去僵化的国与国外交，变得更加灵活务实。任何一个城邦在某领域有优势，都可以成为这个网络中的中心节点，将经验辐射给其他成员；而在另一些方面它则甘当学生，学习别处的最佳实践。这种多中心的格局鼓励了良性竞争与模仿，每个自治单元都力图完善自我以在网络中提供更大价值，同时也毫不吝惜地借鉴他人的成功经验。

值得注意的是，这种治理突破需要有新的制度契约作为支撑。在未来，每个超级城邦都会起草一部数字时代的"城邦宪章"，明确城市的核心价值、公民权利义务以及AI参与治理的范围和原则。我们可以将其视为"分布式城邦契约"：一方面，它通过区块链等技术保障契约内容公开透明、自动执行，从而减少人治的不确定性和腐败空间；另一方面，它又并非一成不变的刚性文件，而是允许公民定期审议、更新，以适应快速演变的时代需求。这个契约既是城邦内部团结的基石，也是不同城邦彼此信任协作的前提——正如互联网的协议标准让不同网络设备可以通信，共识的城邦契约框架也让不同自治单元能够"开箱即连"，迅速建立法律和制度上的互操作性。举例来说，如果某人想从城邦A迁移成为城邦B的公民，只要两城邦的契约框架兼容，他的数字身份和资质就能无缝对接过去，几乎无需繁杂的审查手续。这种制度兼容性就像治理层面的"USB接口"，大大降低了公民跨社群流动和跨社群协作的门槛。

总体而言，未来的治理将从"少数人的事情由少数人决定"转向"多数人的事情由多数人参与决定"。超级城邦倡导的多中心网络治理并非无政府状态，而是一种更灵活多样的秩序。它尊重地方自主和多样性，同时通过技术确保整体协同和信息畅通。主权国家的壁垒在这张网络中逐渐弱化，每个人都更有机会参与塑造自己生活的规则。治理范式的突破意味着我们有望打破当前制度僵化所导致的效率低下与信任危机，用一种更透明、高效且包容的方式来管理我们共同的事务。当AI技术与公民自治融为一体，历史将翻开治理文明的新篇章。

身份制度与社会连接：选择决定归属

当主权国家的藩篱逐渐淡化，个人的身份认同与社会连接也经历一场深刻变革。在未来的超级城邦社会中，每个人都不再只有单一的、由出生地决定的身份，而是可以拥有多个数字身份，灵活地加入不同的社区、城邦或价值网络。正如一个人现在可以同时是员工、父母、某网络论坛的版主一样，未来的公民将拥有多重"数字公民身份"，在不同城邦中发挥不同角色。归属不再由国籍偶然赋予，而更多由个人意愿和选择决定。

首先，身份的获取与转换将变得前所未有的自由和便捷。在传统社会，你的国籍、公民身份通常终身固定，很难改变。而在超级城邦时代，一个人可以根据自己的价值观、职业规划或生活喜好，申请成为某个数字城邦的公民。由于各城邦制度兼容互信（正如前述的"分布式城邦契约"），跨城邦的身份迁移如同加入一个在线社区般简单。当你发现某城邦的文化、政策更适合自己，就可以提出"数字迁移"申请。经过简单的资质审核和数字契约签署，你的身份资料会安全地转移到新的家园。更重要的是，你的社会资本和声誉也能随之迁移。每个人在不同社区中的贡献（例如志愿服务、项目成果）、信用评分以及社交关系都记录在你的数字身份档案中。当你转换社区时，这些声誉数据通过加密认证后共享给新社区，帮助你迅速融入并获得信任。可以说，身份变迁不再是人生断裂的风险，而是一种常见的人生选择。

其次，多重身份的并存与协同将成为常态。未来的个人或许上午以教育城邦公民的身份参与线上教学研讨，下午切换为一个创业城邦的成员远程协作商业计划，晚上又以艺术社区公民的身份在元宇宙画廊中举办虚拟画展。人们根据需要和兴趣扮演着多样的社会角色，每个角色背后都有对应的社区支持体系和权利义务。例如，作为教育城邦的公民，你享有该城邦丰富的知识资源和师资网络，同时也需每年义务参与一定时长的教学服务。作为创业城邦的公民，你可以方便地获得投资、法律等创业支持，但需遵守城邦关于商业道德和知识产权的共同准则。多重身份并不冲突，反而让个体的人生更加丰富立体。对于善于平衡多重角色的人，城邦社会甚至可能提供"身份交叉激励"——鼓励不同行业、不同社区的人才相互交流学习。例如，某技术城邦与艺术社区可能建立联合项目，让程序员和艺术家共同创造沉浸式数字艺术品，一人身兼两种身份即可获得特别的奖励和声誉加成。

在此基础上，超级城邦时代将发展出全新的声誉体系和信任结构。当个人不再隶属单一的传统国家，多元身份如何建立起可靠的信任？答案在于信誉和声望将成为社会运行的硬通货。设想每个人都有一个跨社区通用的数字信誉指纹，它由你的行为历史和贡献自动累积而成。当你按时履约完成一项社区任务，你的信誉指纹上便增加一枚"信任徽章"。当你在某城邦担任义工服务，当地居民为你的贡献点赞，这些评价也被加密记录在案。久而久之，这套声誉系统成为个人"道德与能力"的画像。与传统的财富、地位不同，数字时代的声誉不可通过投机取巧一夜建立，而是要靠长期诚信和贡献积累。一位拥有高信誉指纹的公民将在各个城邦受到欢迎。就像信用评分高的人更容易获得贷款一样，声誉高的人无论走到哪都更容易被社区接纳、获得机会。AI在这里再次发挥作用。它持续监控虚拟和现实空间的公开事件，识别并奖励那些为公共利益做出贡献的人，同时也记录并提醒社区注意潜在的失信行为。值得强调的是，这种声誉体系必须在隐私保护和个人权益间取得平衡：个人有权选择在哪些场合公开自己的声誉记录，自我主权身份原则确保声誉数据属于个人而非某个平台，一切调用使用都需本人授权。

最后，随着数字身份和信任网络的发展，人际关系与社会连接也焕然一新。人们将不再局限于地缘和血缘关系，而是通过"价值观社群"形成新的纽带。你可以在全球找到与你志同道合的一群人，共建一个微型城邦，无论成员彼此相距万里，都可因为共同的梦想而紧密合作。这种社群有点类似如今的网上兴趣团体，但凝聚力和影响力更强，因为它同时承担了社交、经济合作和治理等多重功能。比如，一个热爱环保的人可以加入"碳中和城邦"，在那里既有专业人士指导他践行可持续生活，又有创业者带领大家开发绿色技术项目。社区民主决策共同投资一片荒地造林，并将成果量化为碳汇分享给每个成员。在这个过程中，成员之间形成了超越一般朋友的深厚信任，因为他们共同经历、共同创造，并通过数字契约绑定了利益与责任。这种选择性归属带来了强烈的自我实现感：我的身份是我所选择的一系列社群的集合，我的归属源自我内心认同的价值，而不再只是出生赋予的标签。对于人类而言，这是身份观念的一次进化，人们第一次有能力大规模地自主选择自己的社会身份组合，从而塑造出真正契合自身价值观的人生道路。

教育与医疗的智能化、人格化、全球可达

超级城邦的蓝图下，教育与医疗这两大关乎民生福祉的领域，将经历智能化与人格化的深刻变革，并且通过数字技术实现全球可达、普及众生。未来的教育不再局限于校园课堂，而是由人工智能驱动的"个性化智慧教育系统"主导实施，对每一个人展开"个体潜能放大工程"；同样，医疗也从被动诊治转向主动健康管理，由AI结合纳米科技构建"连续健康预

测-干预-优化"体系，让每一位公民都享有贴身的健康守护。教育与医疗的革新不仅提高了效率，更打破了资源的不均衡，让地球上每个角落的人都能平等地获得知识和健康。

在教育方面，人工智能教师将取代传统的一师对多生模式，成为每个人专属的智慧导师。AI根据学生的学习风格和兴趣爱好，定制教学计划与资料。有的孩子或许擅长通过图像理解知识，AI导师就提供丰富的可视化课程；有的学生喜欢实践操作，AI就设计交互式模拟实验供其动手。在这样灵活的教学下，没有学不会的知识，只有尚未找到合适路径的学习。并且，AI导师具有人类教师无法企及的耐心和全天候陪伴能力：它可以24小时回答学生的问题，反复讲解直到完全掌握，不会不耐烦也不知疲倦。在边远贫困地区，过去缺乏优质教师资源的难题也将彻底解决。一副廉价的AR眼镜或一台旧电脑，就可以连接到云端的顶尖AI教师。哪怕在茫茫沙漠或高山村落，孩子们也能和城市里的同龄人接受同等优质的教育资源。教育变得无处不在且公平可及。

更进一步，教育的目的也因AI的加入而拓展。过去教育主要传授知识技能，未来则更关注激发个体最大潜能和适应快速变化社会的能力。AI可以通过分析一个人的基因、幼年行为模式以及成长轨迹，对其天赋领域和性格特质做出科学判断，从而有针对性地进行培养。比如，一个孩子展现出音乐敏感度和创造倾向，AI会为他安排大量艺术相关的体验，并联系全球的音乐大师线上指导，甚至利用VR让他"亲历"19世纪维也纳的一场古典音乐会以陶冶灵感。又如，另一个孩子逻辑思维出众，AI则提供强化数学、编程挑战以及团队协作项目，提早让他参与国际科技交流。在这个过程中，每个人的天赋都被视为宝贵的社会财富，教育系统竭尽所能把潜力转化为才华。人类整体因而迎来百花齐放的创新局面——来自各个角落的天才被AI发现并精心培养，他们不再埋没于资源匮乏或教育不当，而有机会为社会做出杰出贡献。

与此同时，终身教育的理念在超级城邦时代真正落实。由于技术和社会瞬息万变，成年人也需要持续学习新知识、新技能。AI学习管家会为每个人制定动态的终身学习计划，定期评估他的技能结构，自动推荐进修课程。无论是中年转行还是退休后圆梦，都有AI为你铺路搭桥：想学习一门新语言，AI立刻化身语言伙伴每日与你对话练习；想掌握理财或木工手艺，它就安排循序渐进的项目让你实践。终身学习不再是奢谈，而是轻松融入生活的日常。社会由此变得更具韧性和创造力，因为知识的更新和传承从未像那时这样迅捷通畅。

在医疗方面，AI和纳米技术的结合彻底颠覆了传统医疗模式。以往医疗是"头疼医头、脚疼医脚"，而未来的医疗则是无时无刻的主动健康维护。每个人从出生起，就享有一个AI驱动的健康顾问，它与植入或可穿戴的纳米级传感器网络相连，构成个人专属的"数字医生"。这些纳米传感器持续监测血液、组织中的各种生理指标，AI则实时分析数据。疾病能够在萌芽阶段就被预见。AI通过模式识别，可以在你还未察觉任何症状前发现潜在的健康隐患。例如，AI检测到某项血液标志物逐月上升的微弱趋势，预示几年后可能出现代谢疾病征兆，它会立即提醒并建议生活方式调整或预防性治疗。对于心理健康也是如此。AI留意到你的语言和行为模式变化，可能会在抑郁情绪积重难返前就温柔介入，与专业人士一同帮你疏导。

当需要医疗干预时，AI+纳米技术所构建的体系能够迅速且精准地行动。纳米机器人可被注入血管，定位并清除初发的肿瘤细胞或修复微小的内出血。AI根据你的基因和病史生成最佳治疗方案，匹配专属药物配方，然后用3D打印即时合成个体化药物。在外科领域，AI辅助的机器人可以施行极其微创的手术，创口小至几毫米；而患者则可以通过远程虚拟现实设备实时了解自己治疗的进展，增强对康复的信心。医疗的服务模式也更加人性化。由于AI承担了繁琐的诊断和行政工作，医生有更多时间与病人交流、安抚，真正落实"以患者为中心"的关怀。许多基础咨询和慢病管理由AI医生负责定期跟踪，只有需要复杂判断时才转交给人类专家。这让医疗资源得以最优分配。偏远地区的人们不再缺医少药，因为AI医生随时在侧提供帮助；都市里的大医院也不再人满为患，因为大量常见病、慢性病在基层或家庭中得到有效管理。

同样重要的是，医疗的可及性和公平性在超级城邦社会得到了前所未有的提升。数字医疗平台和AI医生对所有公民免费或低成本开放，因为维护全民健康被视为整个社区长远繁荣的基石。一些超级城邦尝试实施全民健康数据合作计划：公民自愿将匿名化的健康数据贡献给AI系统，用于训练更精准的诊断模型；反过来，每个人都受益于更准确的医疗服务。这种数据合作共赢的机制提升了医疗水平，也避免了数据垄断造成的伦理问题。最终，医疗不再是令人生畏的负担，而成为一种随时可获得的日常保障。从平均寿命、疾病治愈率到生命质量，各项指标都大幅改善，人类真正迎来了健康长寿且有尊严的新时代。

教育与医疗的智能化革新，是超级城邦愿景中最具温情的一环。它确保了科技红利被普惠地分享给每一个人，而非少数精英独占。全球可达意味着无论你身处繁华都市还是荒凉乡野，都站在同样的起跑线上获取知识和照护；人格化意味着这些服务温暖而有亲和力，因人而异地关怀着每个独特的个体；智能化则保证了最高效和科学的方案，持续提升服务质量。当这一切成为现实，我们将欣喜地看到：文明的进步不再以牺牲公平为代价，反而因科技的明智运用而让公平与效率双双跃升。这是人类社会最理想的一种状态——每个人都被赋能以发展自身潜能，每个人也被守护着免于疾病和贫困，真正实现了"有教无类"、"病有所医"。

城市作为制度平台：分布式组织体的崛起

超级城邦时代重新定义了"城市"的含义：城市不再只是地理意义上的居民聚集地，更是一个制度平台，是为一群拥有共同愿景的人服务的分布式组织体。未来的城市将突破传统疆界，成为高度灵活的制度容器，每座城市都是一次大胆的社会实验，它以自己的方式诠释何为美好生活，并在全球互联的舞台上与其他城市交流竞合。

我们不妨想象这样的未来城市：它可能并非单独坐落在某一地点，而是由分布在全球各地的社区节点组成。这些节点或许是一些现实中的城镇，也可能仅仅是虚拟空间中的社群，但它们共享同一套城市宪章和价值观。这个城市的公民可以遍布世界，却依然感到紧密相连，因为他们通过数字网络共同行使公民权利、享受城市服务。城市的"数字建筑"一砖一瓦皆由代码构成：比如，一个城市发行自己的加密通证作为通用积分，公民在社区治理、志愿服务等活动中可获得积分奖励，并用其兑换城市提供的服务。又如，城市搭建了完善的虚拟市政厅，市民无需身处同一地也能在元宇宙中"碰头"讨论公共议题，甚至连城市的景观艺术、节庆典礼都可以由市民在线共创。制度合约则是城市运转的基石。每个城市都有一套灵活更新的数字条例，明确城市运营方式与公民权责。这些条例可能涵盖从税收如何征收使用、到环境标准如何执行、再到公共数据开放共享的细节。它们就像操作系统一样，定义了这座城市的"玩法"。不同的是，这套制度合约并非由少数立法者一成不变地制定，而是像开放源代码一样在公民参与下持续优化。城市甚至会设立"制度试验区",允许公民提案暂时修改某些规则,观察其效果,再决定是否全面推行。这使得整个城市成为一个持续迭代的制度创新平台。

未来城市的文化生成也将高度自治和自觉。一座城市从诞生之初,公民便有意识地塑造其独特文化。从城市旗帜、徽章的设计,到公共节日、仪式的创立,再到城市主题曲、宣言的发布,所有这些都由公民共同创造并传承。文化在这里不仅仅是自发形成的生活方式,更是凝聚共识、激励人心的精神旗帜。当一座城市倡导"科技与人文并进"时,它的学校课程和社区活动会特别强调科学精神与人文关怀的融合;当另一座城市崇尚"生态至上"时,公民自发把城市节日定为植树日、净滩日,全民参与守护环境。文化的生成与制度建设相辅相成:一方面,文化共识让制度更易推行;另一方面,好的制度又反过来巩固和弘扬城市文化。久而久之,每个城市都成为一座具有强烈身份感和使命感的"精神家园",吸引着理念相投的人们慕名而来。城市之间也会开展"文化交流会",互相介绍各自的特色节庆、传统和创新,让灵感在城邦网络中流动扩散。全球互通的时代,城市的多样性不再导致隔阂,反而因为数字连接而彼此借鉴、共同繁荣。

一个最显著的变化是:城市开始超越国家,成为人与人组织协作的主要单元。过去,人们的全球协作主要通过国家之间的协议,如今则更多通过城市网络直接实现。很多跨国议题(如气候变化、难民安置、科技伦理)常常由一群有担当的城市率先联手解决,然后国家层面再跟进。这种"城市带头、国家跟随"的局面屡见不鲜。可以说,城市这个制度平台正发挥出前所未有的创造力和凝聚力。它小巧灵活,能快速试错调整;它贴近公民,能敏锐感知群众需求;它既彼此竞争,又彼此合作,形成一个促进进步的生态系统。当千百座这样的未来城市串联成网,整个人类社会将呈现出宏伟的新图景:多样而统一,竞争且共荣。

当然,城市崛起并不意味着传统国家完全消失,而是国家的角色发生演变。国家可能更多地作为城市联盟的协调者和保障者存在,为城邦网络提供基础框架(如普遍人权原则、大尺度基建)和最后背书,但将日常治理和创新尝试的舞台让渡给城市。本书讨论的"超级城邦"正是这股潮流的极致体现:当我们把城市视为制度创新的平台,各地勇于探索、彼此取经,就有望找到突破现实难题的诸多关键路径。而这些路径累积起来，将把整个人类文明引向一个更自由、更繁荣的新纪元。

迈向超级城邦时代

当我们把以上种种图景拼合在一起，一幅壮丽的未来画卷展现在眼前：那是一个超级城邦的时代，一个技术与制度协奏、个人与社区共荣的时代。重要的是，这幅图景并非遥不可及的空想，而是正在萌芽、生长的现实趋势所指向的方向。超级城邦不是乌托邦，而是当下进行时的蓝图实践。许多创新的种子已经播撒，各地的前沿探索如繁星点点，共同勾勒出未来社会的轮廓。我们的任务，正是要将这些星星之火汇聚成燎原之势，把蓝图一步步变为现实。

站在历史的拐点上，人类面临着重大的选择：是因循守旧，让AI的潜力被旧制度束缚，继续忍受效率低下、分配不公和信任流失的困境；还是直面变革，用大胆的创想和行动去开拓超级城邦的康庄大道？这个选择关乎每一个人的命运。当今的每一次技术突破、每一项制度实验，都是在为未来积累经验。我们不能袖手旁观，任机会溜走——未来属于敢于想象并付诸行动的人们。超级城邦时代的到来并非会自动水到渠成，它需要千百万追求更好生活的人共同参与构建。正如没有哪座城市是凭空建成的，未来城邦的崛起也必然来自你我的辛勤耕耘。

或许你会问：个体渺小的我，能为如此宏大的愿景做些什么？其实，变革正是由无数普通人的点滴努力汇聚而成的。你可以从现在开始成为"主权个人"时代的先锋：积极拥抱数字技能，提升自身素养，在全球网络中勇敢寻求新机会；参与所在社区的自治实践，哪怕从一个线上提案、一场社区讨论做起；关注并支持那些推动开放教育、数字身份、智慧医疗等领域创新的组织，让更多人享受技术带来的红利。每个人的一小步累积起来，就是社会的一大步。正是这无数微小而坚定的脚印，将把人类带入下一个辉煌的文明阶段。

超级城邦的愿景之所以令人心潮澎湃，不仅在于它勾勒了技术高度发达的社会景象，更因为它蕴含着对人本身的信念：相信每个个体都有自主选择幸福生活的权利与能力；相信人类作为一个整体能够在合作中实现共赢与跃迁。当越来越多的城市和社区迈出创新的一小步，全人类就朝着自由开放的新秩序迈出了一大步。这样的未来是可能的，也是必须争取的。

可以预见，当超级城邦时代真正到来，"城市公民"将成为比"国家公民"更有实际意义的身份标识。人们将以前所未有的主动性去选择他们的归属，与志同道合者共同创建家园。而那些曾被视为不可动摇的旧制度疆界，将在历史长河中逐渐退居幕后。取而代之的是一个由无数充满生机的城邦组成的世界，一个既多元丰富又和谐联结的人类共同体。

让我们怀抱希望，又保持清醒和努力，去迎接这场伟大的变革。超级城邦不只是纸上谈兵的幻想，它是今朝种下、明日必将开花结果的文明新枝。我们有幸见证，也有责参与——因为未来的模样，就掌握在我们手中。现在，历史的画笔正递到我们每个人手上，愿我们描绘出无愧于子孙后代的壮丽图景。超级城邦的故事，正等着我们齐心协力将之书写成人类文明的新篇章！

结语：超级城邦时代的宣言

人类正站在历史的新起点。人工智能所激发的技术浪潮，为我们带来了前所未有的"神力"——瞬息洞察海量信息、自动执行复杂任务、预测未来趋势的能力仿佛信手拈来。然而，当21世纪的引擎轰鸣向前，我们的社会制度却仍有太多停留在旧时代的影子：治理结构因循守旧，教育体系沿袭工业流水线的模式，法律与监管的节奏远远落后于技术的飞奔。举例而言，我们已经可以借助AI在几分钟内模拟并评估公共政策的效果，但传统的立法与行政流程却常常需要数年时间才能作出回应；AI导师能够为每个学生量身定制学习计划，然而许多学校仍在沿用千篇一律的教材与考试，培养的技能滞后于时代需求。AI时代的未来如超跑般疾驰，而我们沿用的许多规则却仿佛中世纪的马车与红绿灯，频频迫使创新急刹车。尖端科技与陈旧制度的错位已经成为当代最深刻的矛盾之一——AI推动社会向前的力量越强大，传统框架的不适配就越明显。我们仿佛拥有了21世纪的神力，却被困在20世纪的牢笼。如果不打破这个牢笼，技术的神奇也难以真正造福人类。

但希望的火种已经点亮。旧制度在呻吟的同时，我们看到个人力量的觉醒，一个全新的时代轮廓正在浮现。数字技术赋予个人前所未有的自主权和流动性，"主权个人"正在崭露头角。过去个人的身份、工作与城市往往牢牢绑定，如今这些边界却日渐模糊：你可以远程办公，作为数字游民漫游世界，在任何有网络的地方创造价值；你可以在线加入志趣相投的社区或去中心化自治组织，共同制定规则、参与决策；你甚至可以拥有多个城市的数字身份，在全球范围内自由选择自己的"公民权"。数字迁徙正从梦想变为现实，人才与资本跨越国界自由流动，"用脚投票"成为个人为理想生活环境发声的方式。当技术撕开旧疆域的藩篱，我们每个人都在更大程度上掌握了改写命运的权力。个人不再只是国家机器中的螺丝钉，而正成为能够自主选择契约归属的主角。主权个人的崛起告诉我们：未来的社会秩序，将更多由个体的意志、创意和选择来塑造——社会组织的原则也将从国家中心、版图疆界，转向个人中心、网络节点。

在此背景下，我们提出"超级城邦"的愿景。这既不是对古代城邦的浪漫复古，更非空中楼阁般的幻想，而是面向AI时代的制度创新平台。超级城邦是一种分布式、自治化、智能协同的新型社会单元。它承袭了古代城邦重视城市自治和公民参与的精神，却拥有现代科技赋予的全球网络和高效协作能力。想象一个城市，如同一个高度自治的生命体：市民通过数字平台直接参与公共事务决策，人工智能辅助治理，让政策响应迅捷而精准；不同城市/社区通过网络联结，形成知识、人才、资本共享的协作网络，携手解决跨地域的共同挑战。超级城邦作为新时代的制度平台，意味着对社会组织结构和公共服务的深度重塑。

具体而言，治理不再依赖笨重的中央集权，创新不必等待层层审批。城市将如服务提供商般竞相提升治理品质：提供更优质的教育、医疗、安全和自由环境来吸引公民；一旦治理不善，人们可以"用脚投票"离开，这种流动性形成对治理者的倒逼，促使每个城邦不断自我改进。与此同时，教育、医疗等公共服务也将在这一模式下焕然一新：AI赋能的个性化教育将取代工业时代一刀切的教学模式，让每个孩子都能按照自身节奏培养所长；智慧医疗网络打破地域对优质医疗资源的垄断，让每位市民无论身处何地都享有高水平的医疗保障；公共决策通过数字平台实现透明高效，居民广泛参与，共同塑造社区的未来。在超级城邦时代，制度将不再是技术的拖累，而会成为技术的同伴——两者相辅相成，合力创造出适配未来的社会形态。

这样的城邦制度还孕育出一项关键理念：全民基础资产。AI带来的效率红利、数据产生的价值红利、城市土地与资源的升值红利……这些新时代的财富，不应仅仅流入少数人的腰包，而应汇聚为全体公民共同持有的基础资产池。在超级城邦的构想中，每个市民天生拥有对城市公共财富的一份权益——好比城市的股东，分享着技术进步和城市发展的红利。AI效率红利将通过制度设计转化为市民共同收益：当自动化和智能系统让生产力飞跃提升，其创造的财富一部分将注入公共基金，用于改善全民的生活保障、教育医疗等服务；数据红利通过征收数字红利税或利润分成机制返还给提供数据的市民，让每个人都成为数字经济的股东；土地红利则借由土地增值税或城市财富基金与全民共享，确保城市发展带来的土地升值惠及每位居民。所有这些汇聚成全民基础资产，成为保障每位公民发展的坚实底座。有了这样的底座，每个人都可以安心去追逐梦想、投资自我，而不必担心技术进步的冲击无人兜底。人人潜能最大化因此成为可能：当基本生存无忧，人才将源源不断地被激发，创造力将持续喷涌；社会结构的韧性转型也将由此启动——财富与机会的重新分配让社会更有韧性地应对未来的不确定性。值得强调的是，无论技术多么炫目，制度多么新颖，它们存在的价值终究要看是否以人为本，能否让更多的人才脱颖而出、让更多的梦想落地生根。如果不能，那再伟大的进步也失去意义。而超级城邦的设计初衷，正是在于让科技与制度的红利真正转化为每个人实实在在的获得，让社会发展不忘每一个普通人的参与和贡献。事实上，类似的共享财富理念已经在现实中初现端倪：例如有的地区通过资源基金向全体居民发放红利，让全民共享自然资源收益。这些零星的尝试证明，共享技术与资源红利的模式并非不可实现，而是值得进一步拓展的未来方向。

也许有人会质疑，这幅"超级城邦时代"的图景是否过于理想化。然而这并非乌托邦幻想，而是技术演进、制度革新与个体愿景汇流而生的历史方向。回望历史，每当人类掌握新的力量，都会催生出与之相匹配的新制度。从农业社会的城邦到工业时代的民族国家，每一次范式变迁都源自技术与理念交织推动的结果。今天，人工智能和数字科技掀起的变革洪流已势不可挡，我们亟需同步演化出适宜的新型社会组织形态，"超级城邦"正是顺应这一大势的探索之一。更重要的是，这不是某个权威机构自上而下的蓝图，而是全球各地无数创新者和公民自下而上实践的汇聚：有的城市试验数字民主和参与式预算，让市民直接决定公共资金的用途；有的国家推出电子公民和多重身份政策，降低人才跨境流动的门槛；去中心化的自治组织（DAO）使用区块链技术管理社区资产和事务......这些星星之火正汇聚成燎原之势，照亮通往未来制度的道路。历史潮流从不是高高在上的命令，而是由千千万万平凡人的梦想与行动所推动。方向既已明确，一条小溪也终将汇成江河。

每一个公民，其实都蕴藏着塑造未来社会的力量。超级城邦时代不会从天而降，它正是由无数平凡人的选择和行动汇聚而成。从现在开始，我们每个人都可以为未来迈出一小步：学习AI时代所需的新技能，在本地社区或线上网络中参与公共事务，为更完善的制度建言献策，甚至勇敢尝试新的生活方式和工作模式。"创造未来"不只是宏大的口号，而体现在每一次主动尝试与改变之中。正如主权个人理念所倡导的：个体有权选择自己的道路，也有责任为共同的未来贡献力量。当足够多的人选择了拥抱变革、追求进步，我们的社会必将随之改变方向。个人选择的涓滴，汇聚成时代奔涌的洪流——这正是超级城邦时代得以诞生的深层动力。

此刻，我们站在历史的拐点上。未来的图景已若隐若现，但通往彼岸的桥梁需要我们亲手架设。旧有的羁绊与不安难免令人犹豫，未知的领域也许令人茫然。然而我们不禁要问：难道要固守昨日的桎梏、让明天的机遇从指间溜走吗？答案当然是否定的。正是在这样的时刻，我们更需要勇气与想象力。勇气，让我们敢于打破常规、冲破窠臼，去尝试前人未走之路；想象力，让我们超越现实的局限，预见一个更美好的可能。拥有近似神明的技术力量之际，我们更当自省：希望未来走向何方，渴望成为怎样的自己？这个问题的答案，不在预言之中，而在我们今天勇敢前行的每一步里。超级城邦时代的来临，需要大胆的试验和创造，需要我们不惧失败、不断迭代前行。当今世界的挑战层出不穷——从技术伦理到气候变化，从就业转型到人口流动——没有现成答案，但我们有能力共同寻找解决之道。让AI的智慧滋养人性的仁爱，让制度的革新坚守公平的底线，让每个平凡人都能参与其中并共享其成。这不仅是一场技术与制度的革新，更是人类文明一次意义深远的进化。

展望未来，我们有充足的理由保持乐观。这种乐观不是盲目的幻想，而是源于对人类创造力和适应力的信心。或许在不远的将来，人们衡量社会进步的标尺将发生转变：GDP增速不再是唯一的荣耀，更重要的是人才潜能指数、社会流动率等指标。当国际排名比拼的不再是经济总量，而是有多少公民的才华得到释放、多少阶层流动的机遇被创造；当每个孩子一出生就拥有无限可能，每个成年人都能找到发挥所长的位置——那将标志着人类文明迈入新的境界，而这正是超级城邦时代所追求的目标。我们这一代人，有幸肩负起开创这一未来的使命，并将亲眼目睹一个新社会契约的诞生：在这个契约中，技术与制度良性互动，个人价值与集体福祉相得益彰。多年以后再回望今天，我们会欣慰且自豪地说：正是在这个关口，我们选择了希望而非恐惧，选择了前行革新而非故步自封。超级城邦不只是书本上的概念，而已经成为人类社会脚下正在延伸的道路；它不只是对未来的憧憬，更是当下进行时的现实。

让我们携手并肩，怀着理性的思考和炽热的初心，一起迈向这场宏大的社会变革。历史之门正在开启，新纪元的黎明已微露曙光。每一位公民都是未来之城的缔造者，每一个选择都在绘制明天的蓝图。今天，我们以勇气与想象力踏出第一步；明天，超级城邦的宏伟蓝图将在我们的努力下徐徐展开。这不是乌托邦，而是进行中的历史进程。让我们行动起来，亲手打造一个人人安居乐业、潜能充分绽放的新时代共同体。站在拐点之上，我们既是见证者，更是开创者——不负时代，不负此生，共同谱写属于我们这一代人的崭新传奇！

www.ingramcontent.com/pod-product-compliance
Lightning Source LLC
Chambersburg PA
CBHW061257220326
41599CB00028B/5680